本书系四川省社会科学研究"十三五"规划课题（一般项目）
"城市0～3岁儿童早期教育社区支持体系构建研究"成果
（项目编号：SC17B014）。

0~6岁婴幼儿
生态发展的
社区支持体系构建研究

0~6 SUI YINGYOU'ER
SHENGTAI FAZHAN DE
SHEQU ZHICHI TIXI GOUJIAN YANJIU

罗小华◎著

西南财经大学出版社

四川·成都

图书在版编目(CIP)数据

0~6岁婴幼儿生态发展的社区支持体系构建研究/罗小华著.—成都:西南财经大学出版社,2021.8

ISBN 978-7-5504-4851-3

Ⅰ.①0… Ⅱ.①罗… Ⅲ.①婴幼儿—早期教育—社区—社会工作—研究 Ⅳ.①G61

中国版本图书馆 CIP 数据核字(2021)第 078330 号

0~6 岁婴幼儿生态发展的社区支持体系构建研究

0~6 Sui Yingyou'er Shengtai Fazhan de Shequ Zhichi Tixi Goujian Yanjiu

罗小华　著

责任编辑:李思嘉

封面设计:墨创文化

责任印制:朱曼丽

出版发行	西南财经大学出版社(四川省成都市光华村街 55 号)
网　址	http://cbs.swufe.edu.cn
电子邮件	bookcj@swufe.edu.cn
邮政编码	610074
电　话	028-87353785
照　排	四川胜翔数码印务设计有限公司
印　刷	四川新财印务有限公司
成品尺寸	170mm×240mm
印　张	10
字　数	185 千字
版　次	2021 年 8 月第 1 版
印　次	2021 年 8 月第 1 次印刷
书　号	ISBN 978-7-5504-4851-3
定　价	60.00 元

序

　　庚子年春，注定不凡。一场大疫，举国惶然。道无舟马，路少行人。百姓自危，人心惴惴。所幸，中国境内，无数逆行者皆秉持无惧无畏之心，以令人惊叹的速度，遏制了疫情蔓延。然不久后，世界诸国皆疫情四起，全球陷入了一场特殊且无可逃避的疫情灾难。

　　未来较长一段时间里，人类固有的生活方式、学习方式及交往方式将会被这场疫情深刻影响并持续改变。吾等中华儿女，应秉持"严以自律"之心，主动学会合理应对此类危机。同时，更要积极探索新方式，设法降低疫情带来的消极影响，及时主动承担起对婴幼儿及其家庭的引导之责，竭尽全力使婴幼儿健康茁壮成长。

　　令人振奋的是，2020年党的十九届五中全会审议并正式通过了《中共中央关于制定国民经济和社会发展第十四个五年规划和二〇三五年远景目标的建议》。会议特别强调全党全国各族人民皆需再接再厉，一鼓作气，竭力克服一切困难，奋力向着第一个百年目标前行。同时，"健全基本公共服务体系，完善共建共治共享的社会治理制度"及"完善普惠性学前教育和特殊教育"等措施和目标，也再次被提上了日程。

　　鉴于此，为解决国内众多育龄妇女的后顾之忧，国家有关部门亦在鼓励二孩生育的同时，将提升0~6岁婴幼儿及其家庭关于社区早期教育资源的可获得性视为工作重点之一。罗小华博士在疫情期间撰写的本书，对0~3岁和3~6岁婴幼儿做出了"一体化"的整体考量，是回应0~6岁婴幼儿及其家庭现实需求的一部力作。

　　本书由六章构成，其中既涵盖研究背景、研究目的、研究内容及框架方法等，亦涉及基本内涵与理论基础。同时，更囊括了部分发达国家社区早期保育教育服务模式及0~6岁婴幼儿早期教育社区支持体系构建的基本设想与主要对策等。具体而言：

　　一方面，作者结合当前实际境况，着眼于0~6岁婴幼儿早期教育社区支持体系构建要素，在坚持科学、客观和全局考量的基础上，通过研究考察与系统分析，最终形成了自己独特的理解，并对0~6岁婴幼儿早期教育的社区支持构建提出了具有包容性和实操性的措施建议。

另一方面，作者为满足婴幼儿及其家庭对社区早期教育的公共需求，亦围绕社区早期教育，从社区管理、社区服务、社区参与及社区救助等方面着手，进行更深层次的要素构建。同时，也针对婴幼儿成长及女性就业、家庭幸福与社会稳定等问题，创新研究了一种制度化、常态化及体系化的社区早期教育服务模式。此外，更进一步提出构建"政府主导、共建共享、社会参与、家庭响应"的联动机制，从根本上提升了人们的相关认知并强化了政府对早教机构的规范管理与评估机制建设。

非常欣喜看到罗小华博士在抗疫之年继《四维培育——孩子18岁前的必备好素养》一书出版后又一新作面世，由衷希望该书的出版能够给婴幼儿及其家庭产生优秀积极的正面影响，对0~6岁婴幼儿早期教育社区资源的获得提供参考指导，希望小华博士在学术探究路上孜孜以求、奋力拼搏、多出佳作！

是为序！

刘焱[①]

2020 年 12 月 18 日

---

① 刘焱：全国政协委员，北京师范大学教育学部教授，博士生导师。

前言

全面二孩政策的实施，对我国人口生育率产生较大影响。0~3岁婴幼儿及其家庭对婴幼儿生态发展的需求尤显急迫，但0~6岁婴幼儿生态发展尚属新兴领域，社区支持体系构建研究尚处于创建摸索时期，构建0~6岁婴幼儿生态发展社区支持体系面临着机遇与挑战。

为此，本书以四川省社会科学研究"十三五"规划课题（一般项目）"城市0~3岁儿童早期教育社区支持体系构建研究"为主线，对婴幼儿早期教育社区支持体系构建的研究视野进行了拓展：从"生态系统理论视角"展开对0~6岁婴幼儿生态发展社区一体化的整体考量，立足0~6岁婴幼儿生态发展社区资源获得性分析，从社区治理创新角度出发，以0~6岁婴幼儿生态发展社区支持体系构建为研究对象，从生态系统理论视角展开实践调查，采用比较研究与典型案例相结合、定性研究与定量研究相结合的探寻方式，全面阐释了0~6岁婴幼儿生态发展社区支持体系构建的内涵要义、发展机遇、发展现状，在透析0~6岁婴幼儿生态发展社区支持现状、发展机遇、发展瓶颈基础上，通过对"D市0~6岁婴幼儿生态发展社区支持体系构建探索"案例进行剖析，为政府和教育主管部门的宏观管理、正确决策提供实践依据，为婴幼儿及其家庭在社区早期教育资源获得性方面，寻求社会和政府的制度及政策支持找到现实依据。

本书由六章构成：

第一章绪论，包括研究背景、研究意义与目的、文献述评以及研究内容、框架与方法；第二章社区支持体系的理论分析，包括0~6岁婴幼儿早期教育社区支持体系的基本内涵、基本构成和理论基础；第三章国外早期保育教育社区支持的经验与启示，包括对英国、澳大利亚和日本三国社区早期保育教育服务模式现状的比较分析以及对我国的启示；第四章D市0~6岁婴幼儿生态发展社区支持体系构建探索，包括0~3岁、0~6岁婴幼儿社区早期教育现状、主要政策措施和存在的问题；第五章对策建议，包括0~6岁婴幼儿生态发展社区支持体系构建的基本设想和主要对策；第六章研究展望，包括包容整合与跨界研究同步进行、从婴幼儿的视角出发的督导评估机制建设和探寻城乡一体化支持体系构建对策，打造国际婴幼儿友好型社区等。

在社区早期教育实践与创新方面，特别感谢成都市武侯区第五幼儿园刘春、曾亚男、焦栩婕老师撰写了《家庭社区早期教育资源管理的社会实践研究——成都市武侯区第五幼儿园社区早期教育实践与创新》和成都市天府新区华阳幼儿园徐途琼、罗丹丹、熊秀梅老师撰写了《家庭、幼儿园与社区"三位一体、合作共育"实践模式探究——成都市天府新区华阳幼儿园社区早期教育实践与创新》。这两份典型案例的分享为本书打开了崭新视角。

撰稿期间，作者正在西南大学访学，得到了导师杨晓萍博导的悉心指导和亲切关怀，实感怀不已！尤为欣喜的是，能够邀请到北京师范大学博士生导师刘焱教授为拙作欣然作序，实乃荣幸之至！感激之至！

除此外，拙作的出版还得到了西南财经大学出版社的鼎力支持与专业编辑，在此一并致谢！

囿于水平有限，成册匆匆，不当之处在所难免，敬请读者朋友批评指正。

罗小华

2020 年冬

目录

第一章 绪论

第一节 研究背景

目前，我国人口已然形成少子化加快、老龄化加剧、经济主力人口收缩格局，2016—2019 年一孩出生人口从 981 万降至 593 万，没有一孩哪来二孩、三孩，后续生育形势严峻。从长期趋势来看，由于生育堆积效应逐渐消失、育龄妇女规模持续缩小，当前出生人口仍处于快速下滑期，预计 2030 年将进一步降至不到 1 100 万。住房教育医疗等直接成本、养老负担、机会成本高，严重抑制生育行为[1]。

社区是婴幼儿探索社会的第一环境，社区是婴幼儿及家庭及时、有效获得社会支持的直接平台和最佳场所，整合调动社区、家庭、幼儿园（托育机构）和社会资源关爱和保护婴幼儿，是社区建设的应有要义，是社区营造的重要内容。0~6 岁婴幼儿生态发展是教育研究中的新兴领域，婴幼儿生态发展社区支持体系构建研究尚处于创建时期，我国在国家层面迟迟未进行"三三制"（3个月至 3 周岁）婴幼儿照护体系建设，致使育龄家庭的婴幼照护被各种非专业力量和资本控制，代价非常高昂。

构建 0~6 岁婴幼儿生态发展社区支持体系面临机遇与挑战。全面二孩政策的实施，将在今后一定时期内对我国人口生育率产生较大影响，0~6 岁婴幼儿及其家庭对生态发展的需求尤显急迫。党的十八大报告把促进人的全面发展作为中国特色社会主义建设内容之一，党的十八届三中全会指出："重点培育和优先发展行业协会商会类、科技类、公益慈善类、城乡社区服务类社会组织。"党的十九大报告指出："我国社会主要矛盾已经转化为人民日益增长的美好生活需要和不平衡不充分的发展之间的矛盾。"[2]随着二孩政策的全面实施，国家要鼓励育龄家庭二孩生育以维持人口更新，缓解家庭尤其是职业女性的后顾之忧，0~6岁婴幼儿生态发展社区支持体系构建迫在眉睫，但我国目前婴幼儿生态发展的社区支持体系构建尚属起步阶段，公共部门权责不清，国家相应的公共服务体系与社区支持体系尚未构建，使得出现了家庭和社会以各种非专业化的补偿性措施应对婴幼儿早期教育而带来的种种弊端。因此，保障和促进0~6岁婴幼儿生态发展社区支持体系构建是促进人的终身发展的奠基工程，也是保障与改善民生、完善社区治理的重要举措，更是我国建设人力资源强国的必然要求。将0~6岁婴幼儿生态发展纳入社区支持体系，以社区管理、社区服务、社区参与、社区救助等为重要内容，对婴幼儿成长、女性就业、家庭幸福和社会稳定具有重要意义。

第二节　研究意义与目的

一、研究的意义

力求促进0~6岁婴幼儿生态发展社区支持体系构建，综合多种形式、多种层次、多种内容、多种类型的社区0~6岁婴幼儿及家庭的生态发展需求，探讨社区支持体系构建要素，并对社区0~6岁婴幼儿及家庭提供早期发展指导和服务。相对于传统的保教分离，社区家庭割裂的生态发展指导模式，本书的意义正在于探索一条全新的0~6岁婴幼儿生态发展社区支持路径，结合多学科交叉的特点，提高多部门联动的支持体系建构效益，为0~6岁婴幼儿生态发展社区支持提供可复制的经验。

本书从理论层面探讨0~6岁婴幼儿生态发展的社区支持体系与生态系统理论、社会支持理论、社区治理理论的内在机理，并对社区支持体系构建的内涵，多元治理主体的地位、作用和特征进行深入研究，系统阐释我国0~6岁婴幼儿生态发展社区支持体系构建中存在的问题，从精神文化、制度保障、设备设施、信息技术、人才队伍建设等方面构建社区支持体系，夯实0~6岁婴幼儿生态发展社区支持体系构建的理论基础。

从实践层面研究0~6岁婴幼儿生态发展社区支持体系构建中的突出问题，制定和完善相关政策，协调社区各级各类政府部门、分管教育局、妇联、计生部门、社区管理机构、社区卫生系统、社区居委会等各司其职，群策群力，建构具有中国特色的0~6岁婴幼儿生态发展社区支持体系，满足家长对婴幼儿生态发展的公共需求。

二、研究目的

自二孩政策全面实施以来，养育服务需求剧增。面对 3～6 岁幼儿入园接受正规学前教育、0～3 岁婴幼儿散养在家中的现状，建构具有中国特色的 0～6 岁一体化婴幼儿生态发展社区支持体系还有一定的路要走。本书通过研究分析社区早期教育支持体系构建过程中存在的障碍和原因，立足幼儿园、社区与家庭的创新实践，探索婴幼儿生态发展社区支持体系构建，以满足社区 0～6 岁婴幼儿及家庭不同的生态发展服务需求，为解决 0～6 岁社区科学育儿资源获取困难提供借鉴经验是本书研究的目的。

本书通过对 D 市 0～6 岁婴幼儿及家庭社区支持体系搭建现状分析，从"顶层设计、精神文化、制度保障、经费支撑、网络信息技术、人才队伍建设"等方面加以论证，以期营造城市 0～6 岁婴幼儿生态发展社区支持的体系化、制度化、常态化，为满足社区家长对生态发展的公共需求提供政策依据与决策参考。

第三节　研究内容与方法

一、研究的内容

本书立足 0～6 岁婴幼儿生态发展社区支持体系的理论的基本内涵、基本构成和理论基础，透析国外早期保育教育社区支持的经验与启示，通过对 D 市 0～6 岁婴幼儿生态发展社区支持体系构建探索实地调查，透析婴幼儿生态发展社区支持现状、已经实施的主要政策与措施、存在的主要问题，提出 0～6 岁婴幼儿生态发展社区支持体系构建的基本构想与对策建议：从"顶层设计、精神文化、制度保障、经费支撑、网络信息技术、人才队伍建设"等方面加以推进，营造城市 0～6 岁婴幼儿生态发展社区支持的体系化、制度化、常态化，为满足社区家长对婴幼儿生态发展的公共需求提供政策依据与决策参考。

本书在两个公办幼儿园践行婴幼儿生态发展支持体系创建的实践与创新基础上，提出了"包容整合与跨界研究同步，督导评估与城乡一体化共进的友好社区共建"的研究展望。

二、研究方法

本书是一项跨学科的研究，利用学前教育、管理学、法学、经济学等多门学科的背景知识，采用文献法、比较法、问卷调查法、统计分析法、访谈法等研究方法对0~6岁婴幼儿生态发展社区支持体系构建模式进行研究。具体研究方法主要如下。

文献法：除查阅国内外0~6岁婴幼儿生态发展社区支持服务的相关文献外，还查阅了地方法规、教育经济学、教育法学等有关文献，为本书奠定充分的理论基础。

比较法：对国内外0~6岁婴幼儿生态发展社区服务模式进行比较分析；对各社区0~6岁婴幼儿生态发展社区服务模式进行比较分析。

问卷调查法：通过设计调查问卷，对0~6岁婴幼儿生态发展社区支持体系构建（以D市为例）的现状及发展中存在的问题进行分析，掌握一手资料，为本书的开展获取翔实可靠的数据。

统计分析法：本书主要以量的研究方法为主，对所调查的数据进行统计分析。

访谈法：主要是弥补调查法的不足，通过对0~6岁婴幼儿生态发展社区服务的城镇托育机构创办者和管理者、家长、相关部门负责人、专家的访谈和交流，了解他们对D市0~6岁婴幼儿城镇托育机构服务建设的看法和建议。

本书研究方法的特点具体体现在：

（1）理论分析与实践调查相结合

在社区治理实施过程中，本书将社会治理理论、公共服务理论和行政生态学理论引入到0~6岁婴幼儿生态发展社区支持体系构建的整体考察中，将各类组织、单位与个人、公办与民营早教机构、社区与家庭等纳入整体考虑，激发多方共同合作，形成城市0~6岁婴幼儿生态支持合力，激发生态发展资源整合由单一主体向多元参与转变，实现社区多元参与、跨界合作、协同发展，为探索0~6岁婴幼儿生态发展社区支持体系构建提供新的理论视角。

（2）比较研究与典型案例相结合

本书选择0~6岁婴幼儿生态发展社区支持获得良好影响的几个社区为案例，对社区各级各类政府部门、分管教育局、妇联、计生部门、社区管理机构、社区卫生系统、社区居委会、幼儿园及早教机构等主体进行调查，比较研究国内外早期发展实践的方法，从中发掘适合社区区情的0~6岁婴幼儿生态发展社区支持路径。

（3）定性研究与定量研究相结合

研究在定性分析0~6岁婴幼儿生态发展社区支持现状、发展机遇、发展瓶颈的基础上，采用spss16软件来进行logistic回归，将研究对象的性别、年龄、受教育程度、带养方式四个变量逐步带入模型，根据逐步检验的结果一步一步删除那些加入其他变量后不再显著的自变量，如性别，最后剩下显著的自变量，即年龄、受教育程度、带养方式三个自变量优化0~6岁婴幼儿生态发展社区支持体系的构建策略，增强研究的科学性和前瞻性。

第四节　文献述评

一、国内外相关研究的学术梳理及研究动态

（一）国外相关研究的学术史梳理

国外学者对社区早期教育的研究开始较早，在基础研究逐渐完善的情况下，大量研究转向"合作""共育""家长参与"等命题，在0~6岁婴幼儿生态发展与社区资源利用方面积累了丰富的实践经验。0~6个月的产假和哺乳假期，主要由家庭自主和医院保障，3周岁起由国民教育系统保障。3个月至3周岁的婴幼期，以家庭提供营养健康照料和人身安全看护保障为主、教育为辅，把这个阶段的婴幼儿照护纳入公共家庭保障和教育系统，已在国外达成共识：美国在1995年出台"早期开端教育计划（early head start）"将"开端教育计划"扩展至3岁以下婴幼儿[3]；英国在1998年启动"确保开端（sure start）"等项目，针对4岁以下婴幼儿提供高质量的环境和婴幼儿教养来促进早期学习；法国婴幼儿照护体系是相对能兼具资本主义和社会主义各自优势、消解各自不足、充分调动各方资源共同办事的系统，于1970年建立"三三制"婴幼儿照护体系，既有周一到周五的日间照护托儿所，又有24小时全天候照护中心；以色列制订了家访员社区学前教育服务方案；德国利用社区服务的群众性和互助性开展家庭助手方案和社区互助、家庭互助方案等；M·卡瑞和H·梅受新西兰教育部委托于1992年研制出台《国家学前教育课程指南》，强调婴幼儿、教师、家庭、邻里、社区、社会之间有着必然的内在联系，学前教育课程只有支持、加强他们之间的联系，运用家庭和社区这个"取之不尽，用之不竭"的资源，才能使婴幼儿世界的某一方面与其他方面相匹配，实现优质的婴幼儿保育和教育。概括而言，国外婴幼儿生态发展社区支持体系的特点主要有：①重视社区；②重视家庭和机构合作共育；③重视早期教育服务综合化与多元化；④重视家长工作。

（二）国内相关研究的学术史梳理

很长一段时间里国内对3~6岁学前儿童教育重视程度远胜于0~3岁婴幼

儿托育，0~3岁婴幼儿托育采用"以政府为主导、以社会组织为补充、以家庭为主体和以社区为依托"模式。但近年来并始出现逆转，0~3岁婴幼儿教育服务开始提上民生工程，中国共产党第十九届五中全会审议通过《中共中央关于制定国民经济和社会发展第十四个五年规划和二〇三五年远景目标的建议》①：全会强调，全党全国各族人民要再接再厉、一鼓作气，确保如期打赢脱贫攻坚战，确保如期全面建成小康社会、实现第一个百年奋斗目标，为开启全面建设社会主义现代化国家新征程奠定坚实基础。全会提出，要改善人民生活品质，提高社会建设水平。健全基本公共服务体系，完善共建共治共享的社会治理制度，扎实推动共同富裕，不断增强人民群众获得感、幸福感、安全感，促进人的全面发展和社会全面进步。要提高人民收入水平，强化就业优先政策，建设高质量教育体系，健全多层次社会保障体系，加强和创新社会治理，建设高质量教育体系。健全学校家庭社会协同育人机制，提升教师教书育人能力素质，增强学生文明素养、社会责任意识、实践本领，坚持教育公益性原则，深化教育改革，促进教育公平，推动义务教育均衡发展和城乡一体化，完善普惠性学前教育和特殊教育、专门教育保障机制，发挥在线教育优势，完善终身学习体系，建设学习型社会。

近年来，全国各地对于0~3岁婴幼儿照护及教育工作越发重视。2018年4月28日上海市人民政府办公厅于印发《上海市3岁以下幼儿托育机构管理暂行办法》；2019年6月6日住房和城乡建设部办公厅发布了关于行业标准《托儿所、幼儿园建筑设计规范（征求意见稿）》公开征求意见的通知；2019年7月4日财政部、税务总局、发展改革委、民政部、商务部、卫生健康委发布了《关于养老、托育、家政等社区家庭服务业税费优惠政策》的公告；2019年7月8日国家卫生健康委人口家庭司颁发了关于《托育机构设置标准（试行）（征求意见稿）》《托育机构管理规范（试行）（征求意见稿）》；2020年6月24日印发《成都市人民政府办公厅关于促进3岁以下婴幼儿照护服务发展的实施意见》；2019年5月9日颁发《国务院办公厅关于促进3岁以下婴幼儿照护服务发展的指导意见》② 明确提出到2020年，婴幼儿照护服务的政策法规体系和标准规范体系初步建立，建成一批具有示范效应的婴幼儿照护服务机构，同时明确提出婴幼儿照护服务发展工作由卫生健康部门牵头，其他部门按照各自的职责加强对婴幼儿照护服务的指导、监督和管理；2020年1月4

---

① 2020年10月29日中国共产党第十九届中央委员会第五次全体会议通过。
② 国办发〔2019〕15号文件。

日印发《重庆市人民政府办公厅关于促进 3 岁以下婴幼儿照护服务发展的实施意见》；2020 年 2 月北京市人民政府办公厅印发《关于促进 3 岁以下婴幼儿照护服务发展的实施意见》。托育行业受到了国家的重视和大力支持。

但专门针对 0~6 岁一体化的婴幼儿生态发展社区支持的研究不多，更多的是将社区支持作为社会支持网络的构成进行整体研究。李培林（2018）认为伴随着计划经济形态向市场经济形态的转型，社会生活支持网络也正在经历由工作单位到生活社区的转变，这种结构性变迁是一种不可逆转的社会潮流。这种必然性意味着：第一，"小政府、大社会"将成为未来的社会管理基本模式和社会组织的基本框架；第二，个人保障体制从单位保障向社会保障的演变；第三，社会服务将经历从单位办社会到社区自组织的演变；第四，社会生活从向单位求助向社区求助演变。但值得注意的是：首先，要加强制度建设，避免社区的再单位化，必须要重视法律契约和社会力量的作用，前者用来理顺和定义不同利益主体之间的权利义务关系，后者可以发挥不同于政府和市场的整合作用；其次，要降低社会支持网络的运作成本，建立和完善成本控制机制，这是社区取代单位实现功能替代的决定性因素。市场的良性竞争在重构社区服务功能中的不可或缺性，通过合理运用市场力量来调控社区服务供给机制的运作成本，防止社区服务供给过程中出现"政绩工程""变相摊派"等畸形化现象。金双秋（2001）从社会支持的主体结构理论视角出发，提出构建社会弱势群体社区支援综合网络的观点。他认为社区支援网络应该由义务支持、友情支持、专业支持和道义支持等分系统构成，不同的支持系统承担的功能不尽相同：社区义务支持基于法律赋予公民的权利义务，以社会救济、社会保险、社会福利等制度性支持为形式，主要承担经济保障和服务保障的功能；社区友情支持是建立在情感基础上的形式最为生动、灵活的支持形式，其功能以服务支持、情感支援为主，以经济支持为辅；社区专业支持系统是建立在人本理念上的最专业、最规范的支持形式，主要由专业的社会福利机构和服务组织实现服务支持和情感支持功能。社区道义支持系统则是建立在社会公德和普世价值判断之上的支持形式，主要由义工联、志愿者中心等公益性群众性组织提供情感、服务以及经济支持。

自 20 世纪 90 年代以来，国内学者一方面不断将国外社区早期教育研究成果和教育理念引入国内，对美国 20 世纪 70 年代到 80 年代的社区早期教育理论与实践的发展进行了总结（李生兰，1992；万国斌，1998），另一方面，认为实验表明社区早期教育确实有利于小儿智力发育，其效果在 1.5 岁时尚不明显，但在 2 岁时会凸显出来（鲍秀兰，1994）；认为社区早期教育干预在提升智障婴幼儿和边缘婴幼儿智商上作用明显（孙瑛，1999；黄春香，1998）。2009年年底，我国颁布的《国家中长期教育改革和发展规划纲要（2010—2020）》在学前教育阶段的发展任务中明确提出，"应重视0~3岁婴幼儿教育"，标志着社区早期教育发展进入了新的阶段。2010年，我国颁布的《国家中长期教育改革和发展规划纲要（2010—2020年）》强调要达到"基本普及学前教育"和"重视0~3岁婴幼儿教育"，进一步明确了我国政府致力于构建服务于大众的社区早期教育公共服务体系的整体目标。构建良好的0~6岁婴幼儿社区早教公共服务体系成为国家社区早期教育公共服务体系建设中的重要环节。此间，我国社区早期教育理论的独立提出与早教机构研究总结了社区早期教育的脑科学依据与心理学依据，将0~3岁婴幼儿教育的重要性独立提出（鲍秀兰，2003；王成刚，2004）；探讨了当时社区早期教育事业存在的一些例如过度商业化的趋势，并提出了发展社区早期教育的政策建议（戴耀华，2005）；随着社区早期教育研究的不断深入，社会与政府对于社区早期教育重要性的认识也越来越深刻（何媛，2009）；讨论早教机构核心竞争力的构建问题并对我国早教机构管理存在的问题进行分析（周静，2010；姜新新，2011；刘霖芳，2012；黄锦淑，2013）；探讨我国的连锁幼儿社区早期教育机构的经营管理现状、存在问题和解决对策（途冠妃，2014）；对现实早教机构的社区早期教育课程的弊端进行了总结，并从人本主义课程观出发对社区早期教育课程的编制提出了自己的看法（李静，2015）；认为0~3岁婴幼儿社区早教公共服务体系应由行政管理体系与社会服务体系构成（张建波，2013）；陈红梅、金锦绣（2009）的研究认为：结合中部地方经济发展水平和社区成熟程度的实际，社区0~3岁婴幼儿社区早期教育服务工作的开展离不开幼儿园的支持，幼儿园应该而且也能够成为社区0~3岁婴幼儿社区早期教育服务中心，需要建立健全科学合理的管理机制，拓展幼儿园的服务功能，组建专业的服务团队，科学谋划高质量的社区社区早期教育服务活动[4]。

　　自2016年1月5日，国家卫生计生委公布《中共中央国务院关于实施全面两孩政策改革完善计划生育服务管理的决定》，提出加强生殖健康、妇幼健康、托儿所幼儿园等公共服务的供给以来，我国0~6岁婴幼儿社区早期教育的社区服务模式呈现社区提供婴幼儿社区早期教育服务的能力取决于本社区的人力、物力、财力等资源，社区幼儿园没有充分发挥专业资源优势，开展社区居民需求的婴幼儿早教服务和社区婴幼儿早教指导人员缺乏专业队伍等特点[5]。

二、研究述评

国外 0~6 岁婴幼儿生态发展研究呈现出重视社区、家庭和机构的合作共育，重视社区早期教育服务趋向综合化与多元化和重视家长工作等发展趋势，但由于政治、经济、文化等方面的差异，我们无法照搬国外的经验和研究成果，而国内学者对 0~6 岁婴幼儿生态发展研究要么从社区早期教育政策、实践模式等宏观角度来阐释生态发展的发展经验；要么聚焦于生态发展对象本身、发展现状、存在的问题等微观角度来提出建议或改进措施，鲜有研究将婴幼儿所处的社会环境与其受到的社区早期教育进行关联。尽管有些学者对社会支持系统（网络）进行了结构分析，但也仅仅停留在描述性研究层面，少有能够深入社会支持系统内部解释各个支持主体之间以及与外在的制度环境之间的关系。

国内社会学界对社会支持的研究时间并不长、成果着实不多且研究范围比较窄。目前的研究多侧重于理论层面的探讨，但往往忽略了社会支持的实践过程和实践形式的探索。尽管有些学者对社会支持系统（网络）进行了结构分析，但也仅仅是停留在描述性研究，少有能够深入到社会支持系统内部解释各个支持主体之间以及与外在的制度环境之间的关系。

因此，深入研究 0~6 岁婴幼儿生态发展的社区支持体系构建的内涵要义、发展机遇、发展现状、发展瓶颈及发展机遇，探索构建 0~6 岁婴幼儿生态发展社区支持体系的对策，可以为社区 0~6 岁婴幼儿生态发展提供全方位的社区支持，为促进社区对婴幼儿成长、女性就业、家庭幸福、社会稳定的民生工程创建提供有力支撑。

第二章 社区支持体系的理论分析

追根溯源，在社区治理发展与资源整合过程中，基于0~6岁婴幼儿生态发展教养服务模式的理论依据源于社区治理理论、新公共服务理论和行政生态学理论等。社会治理理论源于1989年世界银行首次提出的"治理危机"，并由此在学术界展开热烈讨论，自20世纪80年代以来兴盛于英、美等西方国家的一种新的公共行政理论和管理模式，也是近年来西方规模空前的行政改革的主体指导思想之一。其中美国学者罗伯特·登哈特和珍妮特·登哈特夫妇提出了"服务而非掌航"的新公共服务理论。其基本理念包括：国家是公共服务型国家，国家存在的目的与职能就是为全体公民的利益与需求服务；政府是公共服务型政府，政府的所作所为都是为提供公共服务；提供公共服务是政府的主要职能之一。在此基础上，结合我国实际，从生态系统理论视角进行本土化研究，在社区0~6岁婴幼儿生态发展教养服务模式的构建过程中，有赖于社区的资源整合，通过引入公平正义、公共利益以及政策过程中的公民参与等理念，为实现社区公共服务均等化奠定基础。

第一节 社区支持体系的基本内涵

二孩政策全面实施后，我国人口却呈现负增长态势。面对家庭托育需求与社区早期教育资源获得性困难的严峻形势和未富先老的国情，如何来优化社区资源，选择何种方式来满足0~6岁婴幼儿生态发展需求已经成为摆在全社会面前的难题。社区的0~6岁婴幼儿及其家庭如何有效获取社区有用资源，如何有效反哺社区，使社区资源得以可持续循环整合利用，理清0~6岁婴幼儿早期教育社区支持体系的内在关系，不仅可以为0~6岁婴幼儿及其家庭选择生态发展方式与内容提供依据，提升人口素质从娃娃抓起，更能为社区专业发展提供理论和实证基础。

一、0~6岁婴幼儿早期教育社区支持体系的核心概念界定

（一）社区

"社区"一词最早是由德国社区学家腾尼斯（F. Tonnies）于1887年提出的。目前有关"社区"的定义已有150余种，其中，在社会学界，研究者一般将社区定义为在特定区域内，人类群体构建的社会生活共同体。21世纪30年代，我国社会学界把英文"community"译为中文"社区"。

社区，即在一定的地域内的人群从事经济、政治、科学文化活动，并由此构成一定的生产关系和社会关系的社会生活共同体[6]。目前社区的范围，一般指经过社区体制改革后做了规模调整的居民委员会辖区。在同一个社区内，人们的文化、习惯、信仰、心理和行为方式等方面，有着许多一致的背景和一致的利益[7]。

中文的"社区"一词是20世纪30年代初期由费孝通先生从英文"community"翻译过来的。如果仅从汉字字面意思看，"社"是古代地方基层行政单位。据《周礼》记载，"二十五家为社"。"区"既可以指称数量，也可以指称居处。而在费孝通先生看来，"社区是若干社会群体（家庭、民族）或社会组织（机关、团体）聚集在一个地域里，形成的一个在生活上相互关联的大集体"。毫无疑问，费孝通先生定义的"社区"概念比汉语原有的含义已有所发展。它主要是指人类的生活共同体和亲密的伙伴关系。

一般而言，现代的"社区"的定义是：由生活在一定的地域范围内的人群通过多种形式的互动，逐步形成的生活方式和文化心理上具有一定同质性和彼此依存性的基层社会组织。我国目前所称的社区，在城市一般指街道办事处下辖的基层社会组织单元，即经过社区体制改革后做了规模调整的居民委员会辖区；在农村则指自然村。

社区的构成要素主要是地域要素、人口要素、区位要素、物质要素、组织要素、心理要素和制度要素等。社区是一个复杂系统。

1. 社区的分类

社区是一个相当复杂的系统，可以用不同标准来对社区进行分类。以社区的功能来分，可分为商业社区和工业社区；以社区的地理环境来划分，可分为平原社区、山区社区、牧区社区；以社区的发展程度来划分，可分为发达社区和不发达社区；等等[8]。

2. 社区的功能

一般来说，社区有以下五种重要功能：

（1）满足生活需求功能：社区有一套生产、分配以及销售的体系，为社区内成员提供日常生活的必需品。

（2）社会化功能：社区有一套社会化的体系，将社区内最重要的知识、价值观及其行为模式，由上一代传到下一代。社区内的学校以及其他社会机构都被予以社会化的功能。

（3）社会控制功能：社区有一套社会控制体系，用以鼓励人们遵守社会规范，以维护社会秩序，同时也用以惩罚违反社会规范的人。

（4）社会参与功能：社区有一套社会参与体系，促进社区内人们互相往来与互动，并促进社区的价值整合。

（5）社区互助功能：社区有一套体系，使社区一群人相互帮助、互相支援[8]。

（二）生态发展

生态发展是指从一般意义上研究生态系统的结构、形成和运行机制，形成相对完善的生态系统理论视角，再将生态系统理论应用于0~6岁婴幼儿生态发展的生态领域，从宏观、中观和微观三个层面研究其生态发展所需服务的支持体系构建、运作与优化。其中，生态系统理论扩大了心理学研究中"环境"的概念，"环境"不仅包括了儿童周围的环境，还包括了影响儿童发展的大的社会、文化环境（席居哲，2003）。生态系统理论视角，是指从人类社会生态学视角出发，审视以社区为基础的整合性早期服务体系构建——有机体与所处的即时环境的相互适应过程受到各种环境之间相互关系的影响，同时，还受到这些环境赖以生存的更大范围环境的影响，这种生态环境是由不同层次、不同性质的环境相互交织在一起所构成的一个具有中心又向四处扩散的网络。对社区0~6岁婴幼儿来说，影响其发展的生态环境是多层次、多性质的，倘若仅仅关注其中的某些因素（如托幼机构），那么这种影响力只是局部的、甚至是支离破碎的，无法真正达到促进其发展的目的，因此，将这些生态环境因素纳入其中，可能是一种更理想的选择；同时，对于影响婴幼儿发展的各种生态环境因素来说，它们是以婴幼儿（或家庭）为纽带而相互交织起来的，那么，通过改善婴幼儿（或家庭）的发展环境，就有可能实现改变生态环境因素的目的。

作为生态环境的一部分，以社区为基础的整合性婴幼儿生态发展服务机构，其运行的主要目标是整合片区内有效资源，对家庭育儿的服务倾向等进行相关支持与改善，以帮助他们能够更加快捷达成其社会生态效益。因此，将各个组成部分快捷有效地拼接在一起，从而实现环环相扣、互帮互助、资源共享，这就是这个机构存在的意义，也是将整合机构作为解决国家所面临的家庭问题、儿童问题的重要手段之一。

生态化发展还表现在管理思路上。打破从学前教育系统自身角度进行行业化管理的思路，政府在加强对服务机构在学前教育、健康运动等方面的专业指导的同时，建立健全以社区为基础的早期整合服务的社会协调机制，将行业化管理和社会化管理有机结合起来，通过行业化协同指导和社会协调机制共建，保证其健康运行。

总体而言，0~6岁婴幼儿生态发展需要社区各类组织、单位与个人共同合作，需要作为社会治理的主体共同参与，在社区资源整合过程中实现社区管理由单一主体向多元参与转变，结合社区的区域特点，面向社区、家庭整体资源整合的需要，在政府主导下，遵循国家治理的总体要求，推进社区服务的多个主体在共同目标的语境框架下，通过协商合作及市场机制等多种方式纳入"一盘棋"考虑，激发多方因素共同合作，形成社区支持合力，推动婴幼儿生态发展所需要的资源整合由单一主体向多元参与转变，实现社区多元参与、跨界合作，协同发展。

（三）支持体系

20世纪70年代，国外学者Cassel和Cobb在精神病学文献中首次提出"社会支持"这一专业概念，此后引起了社会各领域的广泛关注。不同学科的学者对其从不同角度展开研究，对社会支持的概念界定不尽相同。我国学者在笼统的含义上，把社会支持表述为各种社会形态对社会脆弱群体即社会生活有困难者所提供的无偿救助和服务[9]。

将社会支持理解为，社会各界（包括家庭、亲友、社区等）对社会弱势群体给予的精神或物质方面的帮助。它既涉及家庭内外的供养与维系，也涉及各种正式与非正式的支援与帮助[10]。本研究引申到社区支持体系，具体指立足社区需求与现状，整合社区资源，从保障支持、文化支持、师资支持、看护人及家庭支持和婴幼儿个体发展支持等核心要素出发，不断纵深探寻，重组社区资源，形成互动、生态、跨界的0~6岁婴幼儿生态发展社区支持体系，依靠规范管理与督导评估形成外部环境，以人为本激发潜能形成内生动力，促使社区支持体系的系统性与可持续性发展。

二、0~6岁婴幼儿生态发展社区支持体系的必要性

短期内要解决0~6岁婴幼儿生态发展社区资源获得问题，单靠家庭照顾、早期教育机构、幼儿园或政府投入恐怕难以做到，也不现实。如何解决这个问

题？0～6岁婴幼儿生态发展社区支持体系构建是最好途径，也具有无可比拟的优势。

因为，第一，机遇良好。"幼有所育"目前已成为我们党和政府改善民生的重要内容之一。随着二孩政策的全面放开，在许多养育需求比重大的省（区、市），地方政府已经开始关注并进行生态发展社区支持体系的建设。从婴幼儿生态发展社区现实需求类型和社会自身转型变迁来说，由于社会和家庭结构的转型，传统的家庭育儿模式已经不再适应目前社会需求，早期教育机构供需又严重不平衡，生态发展支持体系构建把教育资源送到了家门口，既满足了家庭育儿教育资源的可获得性，又契合我国以家文化为基因的传统文化传承。第二，受社区家庭普遍欢迎。婴幼儿生态发展支持体系构建既充分利用现有家庭资源，又符合多数家庭经济来源不足、学历文化程度不高、无力购买早期教育机构服务而愿意借助"在家庭和社区"科学育儿的心理要求，无论是0～3岁的低年龄段婴幼儿及家庭，还是已经进入幼儿园的3～6岁幼儿及家庭，享受和共建社区早期教育资源已经成为目前社区家庭愿意选择的主要方式。另外，婴幼儿生态发展无法脱离婴幼儿及家庭的日常生活人文环境，经常可以和自己的熟人保持接触，精神上不会感到寂寞和孤单，这有利于婴幼儿安全感的建立和婴幼儿及其带养人的身心健康。同时，0～6岁婴幼儿及家庭与亲朋好友、街坊邻居保持密切交往，本身也是和谐情感的有益延伸，有利于社区的和谐建设，促进社区的管理水平提高。再加之，婴幼儿生态发展社区支持体系构建还具有成本低、覆盖面广、服务方式多样灵活的优势，它符合我国"未富先老"的社会现实，大大节约了育儿成本。依靠社区支持体系整合资源促进家庭科学育儿，在一定程度上缓解了财政投入压力。以社区为平台，构建低成本的、家门口的婴幼儿生态发展社区支持体系是对传统家庭育儿模式和早期教育机构服务模式的有益补充与升级更新，也是教育在社会服务领域的新拓展，对我国"未富先老"的国情具有特别重要的意义。第三，可以增加就业机会。构建婴幼儿生态发展社区支持体系，需要加强社区的婴幼儿生态发展设施建设，设立婴幼儿生态发展服务岗位，培训婴幼儿生态发展专业服务人员，扩展婴幼儿生态发展社区服务项目，这势必会拉动社区内的消费，扩大就业渠道。

因此，在我国"未富先老"的社会经济大背景下，面对家庭育儿缺乏专业支持和早期教育机构服务供不应求的现实窘境，构建适合我国国情的0～6岁婴幼儿生态发展社区支持体系已然成为当务之急。

第二节　社区支持体系的基本构成

一、0~6 岁婴幼儿及家庭对生态发展的基本需求

在我国当前社会结构日益分化和利益多元化的社会情境下，有生态发展资源需求 0~6 岁婴幼儿及家庭已然成为社区生活中的弱势群体。对于社区管理而言，经济诉求依然是以青壮年健康家庭为主体的 0~6 岁婴幼儿早期教育涌入城市的主要驱动力，社区养老服务有着国家政策的保驾护航，在场地与资金方面都有所保障，但对于广大的 0~6 岁婴幼儿及家庭群体来说，社区提供资源大都属于短期关注，缺乏可持续支持依据，变化性强，加之受到围绕户籍制度而形成的制度性限制，跨社区的资源更是无缘触及。0~6 岁婴幼儿及家庭在生态发展需求迫切时，缺乏平等的主体地位与合法、有效的组织手段和表达途径，往往无法依靠组织、集体的力量来参与和获取。再加上社区 0~6 岁婴幼儿及家庭之间的互动与联系相对较少，缺乏有序组织管理，当存在强烈的早期教育需求时，欠缺表达和传递需求的组织化通路和能力。就社区 0~6 岁婴幼儿及家庭群体来说，向社区获取生态发展资源是一种自觉的意识，但这种意识要转化为稳定、有序的组织化支持体系构建，就成了政策制定者与社区 0~6 岁婴幼儿及家庭群体自身需要共同思考的问题。

二、0~6 岁婴幼儿早期教育社区支持体系的主体要素构成

0~6 岁婴幼儿生态发展社区支持体系由政府，社区，社会力量，服务人员，志愿者、义工和社会工作者队伍，高校合作伙伴联盟，卫健委、社区卫生服务中心及医院，住建委、消防、公安及环保局等主体要素构成（见图 2-1）。

（一）政府

任何一项社会政策和制度的推行都离不开政府的主导，社区早期教育支持体系的构建也不例外。在这个体系中，主要要素构成者政府应当把握好宏观层面，给予清晰明确的政策扶持和引导，保证资金的筹措和投入，出台优惠政策来鼓励社会力量参与社区早期教育服务，定期监督和评估社区早期教育的服务效果。

（二）社区

社区是支持体系中的资源整合者和政策主要执行者。它作为最基层的政府组织，可以动员社区内的一切资源和关系网，建立服务平台，执行政府出台的

政策，及时了解社区内 0~6 岁婴幼儿及家庭的动向与需求，在婴幼儿生态发展服务中发挥管理职能。

（三）社会力量

仅仅依靠政府力量难以全面做到对社区 0~6 岁婴幼儿及家庭所需的多种服务的有效供给，社会力量和市场主体是有益补充。适时借助市场和民间资本力量参与婴幼儿生态发展服务，可以整合更多资金资源有针对性地满足服务需求，社区 0~6 岁婴幼儿及家庭也才能从各种渠道获得所需服务。

（四）服务人员

社区居家婴幼儿生态发展的服务人员既包括了社区管理工作者，又包含了婴幼儿生态发展指导中心服务项目的服务人员，他们是具体工作的执行者。社区管理工作者水平决定了政策措施的落实与实效，服务人员的专业素养决定了社区早期教育服务的质量。

（五）志愿者、义工和社会工作者队伍

志愿者、义工和社会工作者队伍是重要的补充力量，充分挖掘这支队伍的潜力，发挥他们的积极作用，对促进社区婴幼儿生态发展服务需求的个性满足和服务质量的提高是十分有益的。

（六）高校合作伙伴联盟

社区与高校达成合作伙伴联盟，高校教师可以直接进入社区为婴幼儿生态发展服务项目把关助力，从专业角度提升社区婴幼儿生态发展服务的水平，高校学前教育、心理学、社会学等专业的学生可以在教师的指导下到社区实践服务，对加强社区早期教育服务形式的综合性大有裨益，同时也有助于大学人才培养方案的实践落地。

（七）卫健委、社区卫生服务中心及医院

其是社区 0~6 岁婴幼儿生态发展医教结合的执行者。0~6 岁婴幼儿，尤其是 0~3 岁婴幼儿年龄幼小，生长发育速度快，身心健康是其全面发展的前提和基础。卫健委、社区卫生服务中心及医院从医学专业角度为社区 0~6 岁婴幼儿及家庭提供科学育儿与急救医疗的专业指导和帮助，在 0~6 岁婴幼儿成长过程中提供适时动态评估与针对性干预。其是社区早期教育支持体系构建中举足轻重的主体要素之一。

（八）住建委、消防、公安及环保局

其是社区 0~6 岁婴幼儿生态发展服务安全外围的提供者。社区 0~6 岁婴幼儿及家庭吃住行都在社区，社区的房屋、建筑、设备设施等环境创设除了提供朝夕相处的活动空间与生活场所外，安全防卫至关重要。住建委、消防、公安及环保局等部门可以就近及时保护社区内0~6岁婴幼儿及家庭的人身安全，增强安全意识和安全感，加深其对社区的归属感，激发其热爱家庭、热爱社区、热爱家乡的情感。

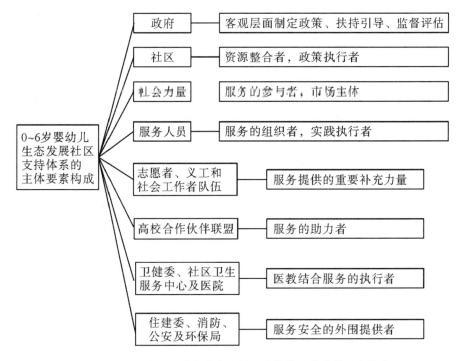

图2-1　0~6岁婴幼儿生态发展社区支持体系的主体要素构成

三、0~6岁婴幼儿早期教育社区支持体系的功能构成

根据社区0~6岁婴幼儿及家庭的多样化需求，婴幼儿生态发展社区支持体系须构建一个以"科学育儿指导服务体系、日常生活照料服务体系、生态发展服务体系、医疗保健服务体系、互联网+社区共建体系和完善的服务保障体系"为主体功能的"六位一体"的社区支持体系（见图2-2）。

（一）科学育儿指导服务体系

社区科学育儿指导服务体系包括专家进入社区开展讲座和针对性答疑，成立社区带养人沙龙，帮助育儿状态大致相同家庭组建小组结对，定期交流育儿经验，同时开展针对性、预约性的入户指导，对发育异常婴幼儿进行适时评估和专业干预建议。

（二）日常生活照料服务体系

以家门口的便捷服务为发展方向，满足社区 0~6 岁婴幼儿及家庭育儿生活的日常照顾需要，主要包括：建立家政服务中心、日托（临托）中心、家庭托儿所（家保园），提供保姆与月嫂等多种形式的社区生活照顾服务；建立定点服务和上门服务相结合、专业队伍服务和志愿者服务相结合的多形式的服务体系，提供多元化、多层次、多项目的服务内容，全方位服务社区家庭育儿需要。

（三）生态发展服务体系

搭建婴幼儿生态发展服务体系需要婴幼儿生态发展社区指导服务中心从专业角度把关落地，立足社区 0~6 岁婴幼儿身心发展需要和各个年龄阶段不同的体能锻炼、活动参与、心理抚慰等需要。例如，建立社区内配套完善的婴幼儿活动中心，内含婴幼儿活动室、亲子绘本图书馆、社区博物馆、社区文化主题互动墙、动植物园等社区内儿童化活动设施，为 0~6 岁婴幼儿及家庭在社区内开展活动提供场所；同时，致力于婴幼儿生态发展社区氛围营造：利用社区家庭资源，请学有专攻的家长参与婴幼儿生态发展社区知识分享、开设社区亲子活动指导课程服务、开设社区爱好班，如书法、音乐、绘画、电脑等，以"社区婴幼儿生态发展主题活动的计划与落地"呼应一年四季的变化。

（四）医疗保健服务体系

鉴于 0~6 岁婴幼儿的年龄特点与身体发育状况，婴幼儿生态发展社区服务需要医教结合。社区医疗保健服务体系建设，旨在构建社区医疗支持体系，以"社区卫生服务中心、家庭、儿童"三位一体搭建医疗健康服务体系与医疗监测体系，在不断强化社区卫生服务中心的基础上，着力发展社区特殊需要儿童门诊服务，在注重预防护理和急救预案的同时，把社区内 0~6 岁婴幼儿的生理和心理健康状况纳入专门的健康档案进行管理，依靠社区卫生服务中心对婴幼儿进行日常疾病预防、治疗、康复以及健康监测和健康管理。

（五）互联网+社区共建体系

在互联网+社区共建体系搭建中，建立社区共建参与积分机制。0~6 岁婴幼儿及家庭在积极参与社区共建活动中挣得积分，可以凭积分免费享受对应的社区早期教育服务。

（六）完善的服务保障体系

社区完善的服务保障体系是基础和前提，主要包括：制度保障（社区婴幼儿生态发展服务设施的用地用房政策，社区婴幼儿生态发展服务事业的税收政策，政府财政投入政策，城市公共建设配套法律政策，婴幼儿生态发展社区服务队伍的管理、编制与待遇等）；基础设施保障（社区儿童设施建设资金、场地、设计与维护等）；经济保障（建立社会参与的多元化的投资渠道，大力鼓励社会力量、非营利组织和民间资本投资婴幼儿生态发展服务行业，加入社区服务体系的建设，为社区早期教育服务提供经济保障）；人才队伍保障（婴幼儿生态发展社区服务管理者和服务人员是婴幼儿生态发展社区服务的主要提供者，构建婴幼儿生态发展社区服务支持体系除了加大从事社区教育服务的人才队伍培养，逐步建立婴幼儿生态发展服务人才职业化资格认证制度外，还要对婴幼儿生态发展社区服务队伍定期进行一定学时要求的专业培训）；和谐关系保障（根植"孝亲睦邻"传统文化基因，构建社区和谐关系，营造和谐友好社区人际关系，积极正面建设性解决邻里纠纷，定期评比社区"五好家庭"，树立榜样，起带头作用）。

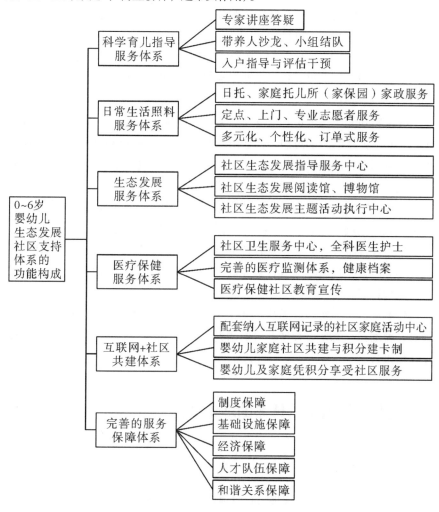

图 2-2　0~6 岁婴幼儿生态发展社区支持体系的功能构成

四、0～6岁婴幼儿生态发展社区支持体系的服务对象和运作方式

（一）服务对象和收费标准

社区支持体系主要服务于社区0～6岁婴幼儿及家庭。收费标准则根据社区0～6岁婴幼儿及家庭成员的身体状况和家庭经济条件等，采取无偿、低偿和有偿服务三种方式，建立多层次的服务体系。家庭条件优越的可采取自费购买服务方式获得个性化婴幼儿生态发展服务；对于经济困难及一些生活不能自理的婴幼儿及家庭完全由政府承担购买服务；对一些残疾儿童，或因病致贫而家庭成员照顾能力有限，或对社会曾经有过特殊贡献的家庭等，经审批后可以由政府承担部分购买服务。政府购买服务主要以发放服务券为主，标准可以根据当地需求和服务收费标准确定。

在互联网+社区共建体系搭建中，0～6岁婴幼儿及家庭在积极参与社区共建活动中挣得积分，可以凭积分免费享受对应的社区早期教育服务。

（二）运作方式

0～6岁婴幼儿生态发展社区支持体系的运作必须是按照以政府主导、社区为依托、其他力量参与的思想，构建由政府、社区服务实体和中介组织共同组成的社区早期教育服务支持体系。这个体系中，各级政府是主管部门，主要职能是宏观引导、综合协调、制定扶持政策、资金投入等；街道社区居委会、社区早期教育学院、社区早期教育指导服务中心是社区早期教育服务的直接组织者，主要职能是负责整合社区内资源，完善社区服务设施，沟通供需双方信息，对早期教育服务中心和早期教育指导站进行定期考核与评估，监督社区早期教育服务质量；社区早期教育服务机构、社区早期教育服务指导站或专门的社区早期教育服务督导部门则是具体服务工作的实施主体，主要职能是按照市场化运作方法，组织实施好为社区0～6岁婴幼儿及家庭提供各种专业化服务，定期做好婴幼儿生态发展社区服务的调查总结与评估，并向主管部门提交年度工作评估报告。

第三节　社区支持体系的理论基础

一、社区治理理论

20世纪90年代后，治理理论在全球范围内迅速流行。治理涉及社会形态的重构、维护与更新[11]。治理理论主要包括全球治理理论、民族国家治理理

论以及地方治理理论等。治理理论分类的依据是涉及范围的差异，全球治理理论涉及全球范围。在经济全球化背景下，各个国家作为子系统，整个世界变成了一个有机联系的大系统。根据系统论的观点，子系统与系统间以及子系统之间相互运动，由此改变了系统或要素的原有状态，产生了全球性的共同问题，全球治理理论正是在此基础上产生的。民族国家治理理论涉及的范围是一个国家。民族国家治理理论在"政府失败"和"市场失败"的双重压力下应运而生，政府从"划桨"变成"掌舵"，从"统治"变成"治理"，吸纳更多主体参与到国家治理中是民族国家治理理论的核心内容。地方治理理论涉及的范围则更具体、明确，主要针对共同的地方性问题，研究的焦点是如何在多元的平等主体之间进行有效的协调。这三个子理论虽然涉及对象和范围略显不同，在内涵和外延方面的指代也略有差异，但由于其都从属于治理理论的大范畴，因此存在许多共通之处。这些逻辑和理念上的相似点对我们探讨社区 0~6 岁婴幼儿的管理部门如妇联、居委会、卫计委等的角色重塑具有重要意义。

社区治理理论是治理理论在社区领域的拓展和衍生，总结起来，社区治理理论主要有以下几个层次：

首先，社区之所以能够成为社会治理的主体，在于其作为正式制度与非正式制度交接转换的群体性日常生活场域，能够收集和利用社区成员在行动、能力和诉求等方面的私人信息，形成规范群体行为的激励机制。其次，社区治理的主体具有多元化、多中心的特点。具体来说，治理的主体包括政府下设权力结构、社区自治机构、社区内部各类团体组织、社会公众、志愿者组织以及相关个人。再次，从治理的方式上看，在社区自治基础上，寻求其他主体的多元合作与共同参与，建构社会合作网络体系。最后，社区治理的目的有两个：其一是进行社区内部社会资本的培育；其二是满足社区居民日益增长的物质文化需求。

在此基础上，夏建中先生提出了社区治理理论。他认为，社区治理与全球、国家和地方治理一样，都是十分重要的工作[12]。他认为社区治理指的是在与社区居民息息相关的多层次复合的社区内，多元的社会治理主体通过合作协商等方式，来共同解决社区内的社会公共问题，满足社区居民个性化的合理需求。社区治理理论是在治理理论的大框架下提出的，因此具有治理理论普遍存在的共性。而社区治理理论和其他治理理论的最大不同在于，该理论强调充分发挥社区的自治功能，理论上不应有一级政府参与。简单地说，社区治理理论在本质上强调的是多方参与和居民自治。

依据社会治理理论的核心要素，结合社区治理的特点，对于 0~6 岁婴幼儿社区早期教育社区支持构建，需要聚焦社区、家庭、社区整体资源整合以及推进早期教养指导工作的需要，在政府主导下，遵循国家治理的总体要求，推进社区0~6岁婴幼儿生态发展的多个主体，在共同目标的语境与框架下，通过协商合作及市场机制等多种方式纳入一盘棋考虑，激发多方因素共同合作，形成乡村0~6岁婴幼儿生态发展社区支持合力，激发社区早期教育资源整合由单一主体向多元参与转变，实现社区多元参与、跨界合作，协同发展，为探索0~6岁婴幼儿生态发展社区支持体系构建提供新的理论视角。

二、生态系统理论

（一）生态系统理论内涵

生态系统理论（ecological systems theory）是由布朗芬布伦纳（U Bronfenbrenner）提出的个体发展模型，强调发展个体嵌套于相互影响的一系列环境系统之中，在这些系统中，系统与个体相互作用并影响着个体发展。

布朗芬布伦纳认为，自然环境是人类发展的主要影响源，这一点往往被人为设计的实验室里研究发展的学者所忽视。他认为，环境（或自然生态）是"一组嵌套结构，每一个嵌套在下一个中，就像俄罗斯套娃一样"。换句话说，发展的个体处在从直接环境（像家庭）到间接环境（像宽泛的文化）的几个环境系统的中间或嵌套于其中（见图2-3）。每一系统都与其他系统以及个体交互作用，影响着发展的许多重要方面[13]。

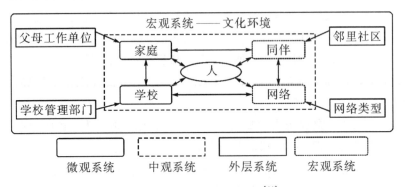

图2-3 生态系统嵌套结构[14]

布朗芬布伦纳的理论确实改变了发展学家思考儿童发展环境的方式。例如，在20世纪四五十年代，发展学家可能会检验儿童成长环境的某个方面的作用，并将儿童之间的所有差异都归于环境在这个方面的差异。例如，儿童在认知、社会甚至生理上的不同都可能会被归咎于离婚对儿童的影响。有了布朗芬布伦纳的理论，就可以思考许多可能影响儿童发展的不同水平和类型的环境效应。

生态系统理论研究了人类发展涉及的关键性坏境——家庭、托幼机构与幼儿园、社区等。对社区早期教育服务影响最直接的是幼儿及其家庭所处的微系统、中介系统，其中影响最大的是微系统之间各方互动的关系，其互动质量越高，社区整合性早期教育服务的资源整合力度就越大。

通过深入分析它们之间的关系，笔者认为婴幼儿的早期教育发展受到与其直接或间接联系的生态环境的制约，这种生态环境由若干系统组成，具体表现为一系列的同心圆，包括：一是微观系统（microsystem），是指发展中的个体在一个特定的环境中与周边环境相互作用的行为、角色和内部关系模式。这里是指婴幼儿生活的场所及其周边环境，如家庭、托幼机构与幼儿园、邻居与社区。二是中观系统（mesosystem），是处于微观系统中的两个事物（如家庭与托幼机构和幼儿园、托幼机构和幼儿园与社区）之间的关系或联系，包括发生在两个或两个以上环境之间的关系和发展过程。三是外层系统（exosystem），对婴幼儿的发展只有间接的影响，包括两个或两个以上环境之间的关系和发展过程，比如父母的工作场所、家庭生活条件、各种视听媒体等，这些都会渗透到成人和婴幼儿的相互作用中去。四是宏观系统（macrosystem），是所处的社会文化背景，包括来自某种文化或亚文化的价值观念、信仰和信念、历史及其变化、政治和经济、社会机构等。五是时代系统（chronosystem），是指婴幼儿所生活的时代及所发生的社会历史事件，如家庭结构的变化、社会经济地位的变化、父母职业的更改、居住地的变化等。

作为生态微系统的重要组成部分之一的家庭，它的作用和影响非常显著。家庭作为生态微系统环境在幼儿早期教育中的作用与婴幼儿的年龄呈负相关，即婴幼儿年龄越小，所处的微系统和环境对之的影响就越大；同时，中介系统作为外系统与微系统的链接，体现了外系统与微系统的互动质量。社区早期教育服务需要各方主体加强交流互动，为家庭与邻居之间的互介系统产生的互动效果直接影响社区婴幼儿生态发展的服务质量[15]。

由于幼儿及其家庭生活在多层级、多系统的社区生态中，对幼儿的社区早期教育服务就要站在生态系统的角度，通过宏观系统、中观系统、微观系统和相互之间的联系，以教师能力的发展、家长育儿能力的提高和社区文化生态的改善为着力点，构建幼儿生活的社区环境支持系统，促进婴幼儿社会生态方面的发展、个体间人际关系发展和个体内部核心能力方面的全面发展，为0~6岁婴幼儿生态发展社区支持体系构建找准着力点。

（二）生态系统理论视角的婴幼儿生态发展

婴幼儿生态发展社区支持需要创建多方力量协同参与，供给平衡、健康、科学的婴幼儿生态发展的社区支持发展格局，需要参与主体联动协作、资源共享。其主要内容包括婴幼儿生态发展的社区支持福利普惠化、布局化、内容本土化、决策协同化等。

1. 福利普惠化

强调婴幼儿生态发展的社区支持是覆盖范围广、受益人群多的公共事业，公益性是其重要属性，坚持公益和普惠性的方向才能推动婴幼儿生态发展的社区支持可持续发展。具体而言，婴幼儿生态发展社区支持的福利普惠化是指，加快实现公共婴幼儿生态发展社区支持的供给侧改革，以"普惠优先"为原则优先发展普惠性托育机构，实现面向广大人民群众的普惠性服务全覆盖。

2. 布局化

生态系统理论运用布朗芬布伦纳的生态模型说明家庭作为生态微系统环境在婴幼儿生态发展的社区支持中的作用与婴幼儿的年龄呈负相关，即婴幼儿年龄越小，所处的微系统和环境对之的影响就越大。同时，中介系统作为外系统与微系统的链接，这在一定程度上反映了外系统与微系统的互动效率与互动质量，以及家庭及邻里之间的多元化需求，且信息反馈互动质量将直接影响婴幼儿生态发展社区支持的服务质量。因此，婴幼儿生态发展社区支持的布局化是指婴幼儿生态发展社区支持的构建应该围绕范围展开，构建就近入托公共服务圈。坚持"以人为本"，提升共建服务能力、行政能力，推动服务型政府的建设发展，以婴幼儿及家庭生态发展社区支持的现实活动半径需求为出发点，倡导"幼有所育、学有所教"，构建婴幼儿生态发展的社区支持生态系统，推动内家庭婴幼儿生态发展的社区支持需求得到就近方便解决，在家门口就能解决家庭的后顾之忧。

3. 内容本土化

马克思唯物辩证法的理论认为，矛盾具有普遍性但是也具有特殊性。发达国家在长期的婴幼儿生态发展的社区支持探索与实践中形成了与其社会发展、本土文化相适应的婴幼儿生态发展社区支持体系。而我国目前婴幼儿生态发展的社区支持尚缺乏本土理论，主要参考借鉴国外经验，忽视了矛盾的特殊性。因此，必须加快内容本土化相关构建，形成婴幼儿生态发展的社区支持的本土化发展。内容本土化指婴幼儿生态发展社区支持的内容应该具有地方特色，更倾向着眼于地区幼儿的身体发育、文化特色，制定不同的饮食、教育、活动方案，引导幼儿科学健康成长。

4. 决策协同化

从社会支持理论可以看到，社会是多个主体构成的，人在社会活动中有寻求社会帮助的期望，是客观存在的一种关系，与他人交流并在需要时能够得到的帮助。婴幼儿生态发展社区支持，是需要多元参与社会主体的共同支持，其切合点在于创建居民命运共同体，搭建起多方参与的互助协同网络平台。其内涵是在婴幼儿生态发展的社区支持中构建一个政府、家庭、社区三位一体的城乡协同联动，畅通民意诉求、有效把握婴幼儿生态发展的社区支持管理的基本方向。充分理解关于婴幼儿生态发展社区支持的个性化需求，充分了解民意、听取民意，并将民意上升到政策依据的高度，力求把握托育管理的基本方向，为政府共建政策出台提供借鉴参考。

（三）婴幼儿生态发展社区支持的功能构成

托育发展需要充分考虑婴幼儿生态发展的社区支持供需契合度，兼顾所在社区婴幼儿生态发展社区支持的供需匹配情况，强调婴幼儿生态发展社区支持的针对性与个性化需求。同时，托育发展需要与社会文化的拟合度实现最优化。在实施中可能出现与社会服务的相互融合问题，需要借鉴社会治理的经典分类标准具体研究婴幼儿生态发展的社区支持实施过程的特殊性与文化性，其功能构成主要包括"保障功能、文化支持功能、专业团队建设功能、看护人及家庭支持功能和婴幼儿个体发展支持功能"五方面（见图2-4）。

图2-4　婴幼儿生态发展社区支持的功能构成

1. 保障功能

保障功能是婴幼儿生态发展社区支持的基础和前提，主要包括：制度保障（托育设施的用地用房政策、婴幼儿生态发展社区支持的税收政策、政府财政投入政策、城市公共建设配套法律政策、托育人员管理、编制与待遇等）；基础设施保障（社区儿童设施建设资金、场地、设计与维护等）；经济保障（建立社会参与的多元化的投资渠道，大力鼓励社会力量、非赢利组织和民间资本投资婴幼儿生态发展的社区支持行业加入）；托育项目建设保障（从专业角度把关婴幼儿生态发展的社区支持项目质量，立足 0~6 岁婴幼儿及家庭需要和婴幼儿各个年龄阶段不同的体能锻炼、活动参与、心理抚慰等需要，以"婴幼儿生态发展的社区支持主题活动的计划与落地"响应一年四季的变化）；安全保障（李克强总理在第十三届全国人民代表大会强调："婴幼儿照护事关千家万户。要针对实施全面两孩政策后的新情况，加快发展多种形式婴幼儿照护服务，支持社会力量兴办婴幼儿生态发展的社区支持机构，加强儿童安全保障。"）；督导评估保障（针对婴幼儿生态发展的社区支持存在管理真空、运行低效现象，定期督导评估可促进其可持续发展）。

2. 文化支持功能

婴幼儿生态发展社区支持的发展离不开文化支持功能的潜移默化，例如在传统节气、传统文化、艺术展览、社区间互动交流与邻里结对互助等方面与婴幼儿生态发展的社区支持共融发展，有助于拓宽婴幼儿生态发展社区支持的跨学科跨领域资源整合，进一步增强本土文化适应性，开展多元文化教育，帮助婴幼儿生态发展的社区支持提供人员、婴幼儿及其家庭增强多元文化交往的能力。

3. 专业团队建设功能

鉴于 0~6 岁婴幼儿的年龄特点与身体发育状况，婴幼儿生态发展的社区支持需要建立医教结合的专业团队，需要建立婴幼儿生态发展的社区支持医疗保健，预防护理和急救预案，将婴幼儿及家庭的健康监测和健康管理常态化。

4. 看护人及家庭支持功能

以家门口的便捷服务为发展方向，满足看护人及家庭育儿生活的日常照顾需要，主要包括：建立家政服务、日托（临托）中心、家庭托儿所（家保园）、保姆与月嫂等多种形式的社区生活照顾；建立定点服务和上门服务相结合、专业队伍服务和志愿者服务相结合的多形式的服务，提供多元化、多层次、多项目的服务内容，全方位服务社区家庭育儿需要，从而夯实婴幼儿生态发展的社区支持民生工程高效回应与高效管理基础。

5. 婴幼儿个体发展支持功能

婴幼儿个体的生理、心理、社会融合特点以及特殊儿童发展需要是婴幼儿生态发展的社区支持在服务对象多元化、服务过程协作化、服务效果综合化方面需要重点考虑的关键因素。

第三章 国外早期保育教育社区支持的经验与启示

第一节 英国社区早期保育教育服务模式

英国的早期儿童优质服务中心主要源于学前机构，因此，随着学前机构发展成为整合服务机构，学前机构的领导者就成为整合机构的领导，但这种模式也存在着种种的问题：跨专业背景的缺乏、整合机构管理经验的一片空白、整合机构的拓展能力不足、资金的募集不到位、不同对象的沟通协调能力差异大。评估报告提出了一些作为整合服务机构的领导者所应该具有的资质：具有包括社会、教育和健康等多专业的背景，并且能够激励员工努力工作的能力，将不同实践者组成一支多专业的队伍，对组织目标敏感，具有良好的人际交流能力（和员工和服务对象），对于改革复杂组织充满信心，将专业成果向其社区以及其他地区宣传，接受过专业培训并且具有实际经验。应该指出的是，目前由学前机构领导转型形成的领导队伍是不完全具备这些资质的。为此，存在两种变化趋势——引进和培训，通过资源重组和自身提高改善领导者的资质。但是，这种行政和专业集于一身的方式，往往使领导者面临巨大的压力。

英国社区儿童服务模式包括儿童的服务包括 5 岁的日托、儿童信息服务、儿童玩具图书馆、托儿所、假日游戏小组、个别化活动（接送、教育心理服务、语言活动服务等）、校外活动（校外学习小组）、儿童护理指导活动、成人和家庭的有氧健身运动、芳香疗法、健康专业基础课程（基本的救助、社区助产士临床课程）、计算机课程、建筑课程、家政课程（朋友式的课程）、母婴健康随访指导小组、国内育儿协会—网络进入点、家庭延伸服务、家庭和学步儿童俱乐部、父母课程、个人发展课程、个人职业发展培训（大学课程、专业证书）、专业发展培训，支持家庭关注少年。父母为专业工作者提供支持和培训。

专业培训课程包括保育标准、早期发展目标、特别的需要、教师培训、行为管理、教师助理培训、语言培训、人权和心理健康法律、育儿实践的介绍、语言的第一步、儿童保护的介绍。

早期实践活动者的支持团体包括育儿实践者的培训，如保姆的培训、游戏小组的培训、注册和检查的培训。

由于不少位于经济落后地区家长存在长期失业或者受教育程度低下等问题，家长的目的往往仅仅是寻求育儿的帮助，而对自身的发展并无兴趣，或者由于育儿的压力无法获得自身发展的学习机会，为此，采用了"两代之间"（inter-generational）的服务方式。这种方式为这些有学习需求但是无暇学习的成人提供了方便，通过参与育儿团体，也会使家长在看到孩子的发展过程后萌发自我学习的兴趣和需要，"一站式"提供的多种服务内容选择，消除了弱势人群被视为"有针对性的改造对象"的不自在感觉，以更加自在的方式选择自己的需要服务。

第二节　澳大利亚社区早期保育教育服务模式

在运行模式上，澳大利亚以社区为基础的早期整合机构，强调的是家庭支持、社区复兴，以社区为主体、以早期儿童家庭服务为纽带，整合社区相关服务资源，这一模式改变了学前教育和保育服务系统支离破碎、质量低下的问题，缓解了家庭的压力，加强社区各种人群的协同合作，提升了社区的能力。在运行的发展过程中，有些地区也逐渐从整合型机构发展出整合型网络。

澳大利亚政府所推出的低结构策略有助于更好地满足社会需求，这种以社会需求为切入口的运行方式，反映了近年来国际社会教育发展的一种趋势；政府通过"过程性研究"进行支持和掌舵，使方案更加适应社区的需要，取得了良好的效果。当然，所有这些，和澳大利亚社区文化的良好基础是分不开的。

一开始家长对于 WAGGA 社区活动并不感兴趣，于是中心在社区内开展了一组内容丰富的活动，在家长尽兴之余，机构服务者发放自己的宣传资料，引来了最早的一些服务对象，但是，在服务实施过程中，家长对于某些方案的名称表示不认同（有偏见、歧视之嫌），于是，中心再次更改名称。在 WAGGA 的另一个方案中，根据社区家庭居住分散的特点，机构利用流动车将服务送到每家每户，或者在社区中心场所开设服务内容，种种这些资料表明，早期服务机构的服务内容是发展、动态的，以社会需要为导向。

澳大利亚主要采用社区基础模式，因此轴心策略并不强调某一个专业服务部门的专业权威性，更加强调利用社区在社会框架中的权威作用进行协调和管理，采用行政和业务分离的方式，通过专门聘请的管理者和协调员在行政中发挥管理、协调作用。虽然协调员和管理员应该具有一定的专业服务要求，但是主要必须具备协调能力，对于跨专业服务必须持认同态度，这是建立转专业协调的基础。同时，必须具备一定的经济、统计、预算能力来完成多种资源整合的管理、协调工作。管理者和协调员主要指向行政管理，实施资源整合以及整合队伍的管理和协调，专业（业务）由各服务提供者提供、实施，管理者主要是协调、制定整合资源各自的规则、责任，协调员不仅负责对内进行协调，还要对外进行协调，以保证整合策略的正常运作。显然，这一运行特点突出了社区在整合运行中的主体作用，并没有强调作为核心服务的保教机构的领导地位。

学校主体型模式比较多采用校长（园长）领导模式，校长领导整合机构是建立在学校作为整合主体的权威性基础上的，当学校（机构）在整合资源、地区中优势显著、权威性突出时，校长（园长）应该是整合机构这一创新模式的最佳管理领导人选。

社区基础模式则比较多采用协调机制，协调机制是建立在社区内现有服务资源水平相当、权威机构缺乏、社区能力较强的基础上，协调员和管理员所发挥的协调作用更加有利于这一模式开展运作。

利用上层行政部门进行协调，则是针对学校中心模式现存的学校在社会框架中权威性不高、整合力度不强的对策。

第三节　日本社区早期保育教育服务模式

培育青少年儿童的生存力和开拓新时代的积极进取之心是日本社区早期保育教育服务运行模式的显著特点。在家庭，要纠正对孩子的过分干涉，在社区，要增强社区育人功能和给予孩子们自然体验等活动的机会；在学校，要加强道德教育和生活指导。根据 2000 年日本全国"支援社区儿童养育中心"（保育所型）的调查结果可以看到其运作模式[16]。

服务内容：中心的服务内容并不仅仅是围绕儿童虐待问题，还有关于家庭在育儿中的心理不安的问题，内容涉及 5 大方面（特殊需要、预设服务、活动场所提供、节日娱乐和咨询建议服务）。

实施：不仅通过个别化的咨询活动（对应的保育士①和专业咨询人员），还要发挥居住环境中亲戚朋友之间的援助活动方式用以解决问题，通过提供适合婴幼儿的、具有亲和力的活动场所，使亲戚朋友之间能够积极参与并且相互援助。

作为中心来源的保育所②公立和私立各占一半，没有明显的区别，所在社区一直以来都有良好的地域（社区）活动的传统、都市化特点不太明显。

育儿团体（group center）模式较多，比较重视地域内亲戚之间相互帮助的机能和及时、必要的咨询帮助。中心的专业职员已经具有保育士资格。

咨询内容主要围绕育儿的日常生活，也提供一些保育服务情报。某些情况下还要联系专门机构进行咨询，当然，尽量利用地域（社区）内的专业机构资源。

四分之三的中心的自我评价是"还存在不够充分的地方"。有待今后加强的是育儿同事之间的咨询、提供支援者一定的场合、以社区的实际情况为基础，建立符合实际的儿童养育网。

在运作过程中，获得行政当局的理解和合作也是重要的。作为活动开展的基础——"人、财、物"的准备状况，对于研修、调查以及延长保育、临时保育等活动的开展至关重要，因此，"社区支援儿童养育中心"通常积极申请进入儿童育成计划或者其他行政计划以获得政府稳定的支持。

儿童养育网是"支援社区儿童养育中心"的进一步发展，通过在社区内建立保护和养育儿童、支援家庭的网络，给予处于各个发展阶段的儿童及其家庭必要的、适当的帮助。作为儿童养育网的重要成员，保育所和幼儿园必须做到以下两点[17]：

第一，要和儿童养育有关的专门机构如学校、儿童咨询机构、儿童福利机构、保健所等建立必要的联系；

第二，要动员民生委员、儿童委员、养育儿童有经验的人及社区居民参

---

① 保育士是按照日本《儿童福祉法》第18条第1项规定进行登记已取得保育士称呼，并利用专业知识和技能，从事儿童的保育及对家长进行保育指导的专业人员（森合真一.保育政策的历史发展与保育士培养 [D].丰冈市：近畿大学丰冈短期大学，2014.）。

② 保育所：1947年12月，日本政府公布了《儿童福祉法》，确定了对保育所的相关要求，保育所属厚生劳动省管辖，为社会福祉事业，接纳0~6岁婴幼儿。保育所属于福利机构，以保育（照顾）为主要功能，教师须有保育士资格，由厚生劳动省补助其80%的经费。保育时间为8小时，可延长保育时间至12小时（肖子华.日本托育情况及育儿支持制度的启示 [J].人口与健康，2020（9）：21.）。

加，动员社区内的学校、福利机构的工作人员积极参与，争取其他行政方面的后援和支持。

日本模式特色：日本的整合性早期服务机构（网络）比较关注对家庭的支持、传统文化的振兴以及社区和谐气氛的恢复，在运作方式上充分挖掘现有的学前教育系统资源，在资源整合和协调方面主要利用上级行政力量和法律手段的模式。积极回应家庭和社区的需要，以需要为轴心实施服务，从确定家庭的需要——寻找转折点、确定相应的服务内容、服务时间以及整合机构的选址、规模等。

第四节　英、澳、日早期保育教育社区支持比较分析

概括而言，英、澳、日整合服务机构在服务内容上都表现出明显的服务导向型特点，根据服务对象的需要不断调整自己的服务内容，在服务方式上体现人性化、个别化特点。这些特点正是当代社会消费者地位不断提升所带来的服务导向型特征的写照。以澳大利亚为例，近年来政府改变了对于学前教育和保育的政策：从指向机构的津贴转向指向家庭的津贴，使家长有了更多的消费选择权，从而获得优质服务。同属于市场化成熟运作的发达国家，英、澳、日在整合机构运作上表现出的这种商业运作理念，是顺理成章的。

在英、澳、日整合机构中，延长学前的服务时间，增加了紧急保育、假日保育、充分开放时间、减少或者免除费用，提高了服务对象的易获得性，尽可能保证家庭能够直接得到需要的服务和支援。

英国能源效率承诺（energy efficiency commitment，EEC）中不少中心依靠其他的资助来源，如从"sure start"获得资助，而许多轴心策略计划是在与SFCS合作中实施的，当然他们也获得了可观的资助；日本的一些社区育儿支援中心也希望能够纳入地区幼儿教育振兴计划，从而获得稳定的资助。当然，整合机构在得到这些资金的同时，也必须对自己的运行目标做出相应的调整，以向这些计划的目标靠拢，如"sure start"是一个指向贫困地区的改革计划，整合机构加入这一计划并获取资助的同时，自然也适应这种计划的目标和需求[18]。

澳大利亚在早期整合服务机构运作中，突显了合作原则，这一原则也同样体现在资金层面上，政府的专项资金注入只是其中的一部分，特别强调商业、民间、社会团体的合作原则，积极鼓励商业、民间捐助对于整合机构的投入。

在 SFCS 的活动研究案例中可以看到，一些方案在运行中，会公布自己未来的服务计划及其需要的资源，有意向的捐助者就可以及时给予资助。当然，这一方式也存在资助不太稳定的问题，为此，澳大利亚政府制定了相应对策以吸引商业、民间的投入，例如通过政府管理体制调整，将经济合作部归入社会服务部，通过此举促进商业对于整合机构的支持。

在获得专项资助的同时，英国和澳大利亚通过制定标准对整合机构的科学运作进行规范。这一双轨政策既表明了政府对于这一公共服务政策的重视，同时也意味着政府更加理性地对待资助的态度：既通过引入市场机制以扩大资金来源、减轻政府的压力，又通过一定的政策保证这一公共服务产品的公益性，从而保证不同家庭都能够从整合机构的服务中受益，避免了由于单纯市场化运作而出现营利倾向，从而削弱整合机构的公共服务功能。

为了吸引商业领域和非营利机构的积极参与、合作以保证资金的稳定和整合机构的正常运作，澳大利亚政府建立了相应的政策、体制以吸引这些资金的加入，从这一运行方式中可以看到，政府对于社会整合框架的态度趋于理智、分权：政府认识到自身无法完成这种社会整合，必须依赖更多的社会力量，引入其他社会力量是必然。同时，作为公共服务产品的整合服务机构，政府必须对引入的社会力量加以引导从而保证其非营利性的特点。当然，良性运作的整合机构也会在不断回馈社区的过程中吸引更多的私人资金的支持，在 EEC 和轴心策略中都能够看到良性循环带来的回报。

值得关注的是，在政府资金注入这一问题上，三个国家都没有对发达地区表示特别的青睐。例如，英国早期儿童优质服务中心的资助标准是服务质量和整合能力（或者潜力），日本的整合机构也没有地区的差异性，不同经济发展水平地区的不同性质的整合机构都能够得到资助，而澳大利亚在资助上更是明显倾向于落后地区。从这三个国家的国家资助特点上，政府似乎更青睐于落后地区，在资金分配上的这一立场表明了政府平衡贫富差距、缩小贫困的立场，使每一个孩子、家庭都能够不落后。扶植落后地区、减少由于地区经济差异造成的资源上的不平衡，能够有效地缓和社会贫富差距造成的矛盾，这也是当今世界全民教育思潮影响的结果。表面上的资金投入不公平现象，其实正是为了实现资源分配上的民主化，从而实现教育民主化、学校教育资源均衡化的目标。通过对贫困地区的扶植，给这些地区的家庭提供优质、易获得的服务，使处于弱势地位的儿童及其家庭都能够获得接受优质服务的机会，有利于缓解日益尖锐的社会矛盾，与这些国家将早期服务整合机构作为解决社会变革的"非暴力因素"的初衷是完全吻合的，有利于教育民主化目标的实现。

一、支持系统构建的保障

（一）财政支持

在加大国家资助力度的同时，采用市场机制引入和标准规范双轨政策，以保证整合机构在获得稳定资金的基础上科学运作。稳定资金是整合机构正常运作的保证，不仅有利于整合服务的不断拓展以满足家庭、社区的需要，同时稳定的资金注入也是整合机构作为公共服务产品性质的保证，单纯依靠市场化运作而缺乏政府资金，就可能削弱公共服务产品的非营利性质，从而影响服务的易获得性，难以实现"减少贫困、支持边远地区"的整合机构的运行目标，有的整合机构通过加入其他国家计划而获得专项注资。

（二）法律和标准的制定

为了保证整合机构的正常运作，三个国家还颁布了一些相关的法令和标准加以保障。例如，日本颁布的《儿童福祉法》和《幼儿教育法》中明确了保育所和幼稚园作为社区育儿支援中心的责任，同时还规定"保育士"的资格标准。澳大利亚和英国都对整合机构规定了入门标准，只有达到这些标准的机构才能获得政府的资助，澳大利亚政府制定了资源整合的责任协议书，以保证整合的正常运作。

（三）专家支持

除了资金和体制改革之外，英、澳、日三国都推出了一系列专家支持措施对这一新型机构进行引导和扶持。英国 EEC 通过与专业协会合作对整合队伍进行定期培训，并和大学合作进行定期的评估、监控；日本也对实施育儿支援的保育士进行资格重新审定、推出相应的资格培训课程，同时在整合机构中融入了儿童委员、民生委员等专家力量；澳大利亚对专家支持力度也很大，不仅通过国家家庭研究协会分析家庭在不同阶段的发展特点、社会转变的应对和家庭关系的协调等问题，而且专家还和每个方案服务者共同合作进行行动研究：在方案的设计、运行、观察、反馈的过程中，不仅获得专家的全程、及时的支持，同时也培养了方案服务者的研究能力，这种专家支持方式和澳大利亚整合机构"提升社区能力"的目标是十分吻合的。

从以上支持系统中可以看出，稳定的资金、管理体制更新、专家支持和有效的法律手段是整合性早期服务机构正常运作的保证。单纯对学前教育系统进行行业化管理和支持，不足以完成整合社区资源、支持家庭社区的运行目标，三国政府所表现出的支持系统都采用行业化支持与社会协调管理相结合的方式，通过行政部发挥社会协调的功能加强相互之间的联系。政府摒弃了单纯引入市场调节的机制，通过政府资金注入和市场机制引入、吸引非营利机构加入的政策，调动社会各种资源共同发挥作用，将这一整合机构办成公共服务机构，降低了不同家庭（尤其是贫困家庭）获得这些服务的门槛，从而更好地实现"支持家庭、社区需要""减少贫困"等运行目标。在专家的支持上，不再仅仅将专家作为唯一的支持资源，还在合作的过程中培养工作人员自身的能力，使整合机构的队伍有所提升。

二、支持系统构建的价值取向

早期保育教育和服务属于上层建筑，与一个国家的主流意识形态、价值取向密切相关。价值取向的不同导致了英、澳、日三国在政策推行上的差异。全社会要共同关注育儿问题、家庭问题，对于那些处境不利的孩子及其家庭，更加应该改变过去不闻不问的态度，将他们融合进来。英国在"早期儿童优质服务"计划的推行中，明确倡导"优质"和"公正"目标，为每个儿童及其家庭提供均等的服务机会并且不断提高标准，强调服务的多样化、人性化，对家庭、社区成员以及早期服务者也提供相关的培训，这些措施和提高质量、实现"公正"目标直接相关，而包容的价值取向还体现在对处境不利儿童及其家庭的特殊帮助。应该指出的是，英国的"融合"价值取向主要基于强势国家立场，将"融合"作为解决社会问题的手段。

三、支持系统构建的趋势

（一）个性化趋向

个性化趋向是现代社会条件下个人和集体面临双重挑战条件下教育发展的一种选择。以社区为基础的整合性早期服务机构在运行模式上的个性化趋向，主要包括以下含义：

一是指服务的人性化、人道化，尤其是对于弱势人群的隐私尊重和少数民族的种族文化尊重，例如，服务名称和服务内容上的文化尊重和个性化趋向。

二是指服务的个别化和个人化，针对家庭面临的困境给予相应的支持和帮助，例如针对同一个服务对象进行度身定做的整合服务计划，最先表现为服务内容和服务形式的可选择性。

以社区为基础的整合性早期服务机构提供多种可选择的服务内容和服务形式，给予家庭和社区成员提供了极大的便利性，家庭成员和社区成员可以在这些服务内容和服务形式中找到自己最需要的服务，如英国的早期儿童优质服务中心内为家长开设不同层面的学历培训方案，家长可以根据自己的基础和需要做出选择。

（二）针对性和动态性趋向

不同家庭和社区成员所面临的问题是不同的，他们都能够在整合机构中找到自己需要的服务，因为，服务内容具有针对性和动态性，根据家庭需要动态调整服务内容和服务形式，从而满足处于不同发展阶段、面临不同问题的家庭的需要。澳大利亚的整合机构就根据有关的家庭问题研究报告结果，确立相关的服务内容，他们认为处于不同发展阶段的家庭往往会面临不同的问题，而处于转折点的家庭，往往最需要帮助，因此，针对家庭不同转折点，设计一些支持服务，往往会起到良好的效果。

（三）服务的易获得性趋向

个性化的服务是以人为本的，因此，整合服务机构无论在规模上，还是在选址上，都是遵循这一原则运行的。例如，英国就根据农村和城市家庭的不同出行居住特点，通过一站式、流动式或者网络式等不同的方式提供服务，使不同家庭都能够轻易获得服务。在服务时间和服务形式上，易获得性也是运行过程中要重点关注的，英国早期儿童优质服务中心为了鼓励父亲参与家庭计划，不仅在服务时间上避开父亲的工作时间，而且在内容上选择父亲比较感兴趣的运动、技术等方面，在服务形式上，以男性工作人员为组织核心开展活动。整合服务机构中呈现的个性化趋向折射了当今教育变革、公共服务的最新趋势——以社会需求为主导。具体地说，这种趋势表现在以下两个方面：旨在使系统的使用者在决策过程中享有更大权利；旨在提高教育需求质量的计划，即向使用者提供更多的信息[19]。

（四）科学化趋向

科学化趋势与当今世界教育思潮科学化发展的大趋势是吻合的，也是不断面临竞争、挑战、危机的现代人类不断走向理性的必然。作为一种全新的家庭服务整合模式，英、澳、日在运作中都表现出鲜明的科学化立场。科学化趋势具体表现为，以科学、理性的方式，在实践、研究的循环往复中，遵循早期服务整合机构的运作规律，不仅追求运作效果，而且追求运作效率。

首先表现为政策制定。英、澳、日在整合性早期服务机构的运行过程中，通过强有力的政策对于科学化运行起到导航作用。其中，英国和澳大利亚主要是通过专项计划推行早期整合服务机构运行的，国家在推行计划的同时，颁布了相应的申请资格标准，相关机构必须通过这些标准的资格审定，才能进入该计划，并且按照设定的基本标准运行，运行过程中的评估则成为矫正运行科学性的重要手段，通过这种方式，能够有效保证整合性早期服务机构的运行质量。而日本主要是通过法律手段进行规范的，国家通过相关法律条文的颁布，对保教机构的任务进行修正，有效地保证了运行目标的实现。

其次表现为专家支持。作为一个全新的服务模式，并没有直接的经验可参照，因此，专家资源就成为各国整合服务机构运行过程中不可缺少的力量，无论是服务功能的确定，还是服务师资的培训，或者是评估监控，专家都发挥着重要的资源支持作用。通过专家护航的方式，可实现兼顾效果效率的科学化目标。

最后表现为实践—研究模式。作为一个全新的服务模式，有时专家支持也无法直面整合运行中出现的各种问题，因为本来就没有固定模式可言。在这种情况下，过程性研究、自我评估，和整合机构服务人员、同行、专家一起合作分析、研究并且解决一些新问题，就成为保证运行科学性的重要手段，在英、澳、日的运行模式中能够看到这一特点。尤其是澳大利亚，过程性研究发挥着重要的科学化运行护航作用。用科学化的态度运行这种整合性早期服务机构，与人们对于整合性早期服务机构的目标定位有关。当整合性早期服务机构成为缓解家庭压力、消除排斥、提升能力和复兴社区等社会问题的重要手段，当人们更加关注如何积极应对家庭、社区需要，如何为家庭、社区提供最好的服务，如何有针对性地对家庭、社区需要做出回应，这些需要使整合服务机构不能仅仅依赖经验，还必须依靠理智和科学。只有这样，才能完成"优质"的目标，在这个飞速变化、哪怕微小过失也会招致重大后果的社会，理智和科学是完成"优质"目标实现的重要保证。以澳大利亚为例，在研究机构公布的研究结果中，包括处于不同阶段的家庭容易面临的种种转折点（困境），这些困境成为整合服务网络设计服务的重要参考指标；而英国的标准制定、日本的法律手段，都是从内部、外部采取的提升整合机构能力，从而推进科学化实现的重要保证。

（五）全纳化趋向

全纳化趋向主要是指早期服务整合机构在资源整合运用中的公平性和服务辐射的全面性，是当今幼儿教育民主化思潮的体现。英、澳、日三国以社区为基础的整合性早期服务机构在运行模式中，表现出鲜明的全纳化趋向，确保每个适龄的需要支持的儿童及其获得所需要的服务。

具体地说，全纳化趋势表现在以下几个方面：

首先表现为服务对象辐射不同年龄群。英、澳、日的整合性服务服务机构都在服务对象年龄上有所突破，打破了辐射保教机构婴幼儿的传统，将学龄儿童、成人也纳入服务范围。以英国的早期儿童优质服务中心为例，不但辐射3

岁以下的婴幼儿及其家庭成员，而且辐射学龄儿童，同时还为社区成员提供成人教育、职业培训，甚至将社区其他早期服务者也纳入辐射范围。

其次表现为对于弱势人群的关注。英、澳、日的早期整合服务网络在服务对象上，青睐弱势家庭，将少数民族、生活贫困、残障儿童及其家庭等纳入早期服务整合机构的服务范围内。以澳大利亚为例，轴心大多数设在土著居民区，为这些弱势人群提供系统、方便的服务；日本的社区幼儿支援中心特别关注特殊儿童，对这些儿童提供个别化、专业的咨询服务。

最后表现为服务资源的全纳性。为了实现支持家庭、支持社区的生态化目标，整合性早期服务机构必须完成相关资源的整合，因此，将家庭和社区的关于保育、教育等资源合理的整合、纳入，成为实现这一目标的有效手段。在整合社区服务资源的过程中，健康、教育、心理、社会、商业等资源都被纳入进来，同时，非营利组织和志愿者发挥了重要的作用。

英、澳、日整合机构在运作中所表现出的这一全纳化趋势，其原因是多方面的政治的考虑的结果。在教育民主化浪潮中，不分种族、阶层、文化背景的儿童都能够接受教育，是各国共同的理想。而这种机会平等，不仅表现在是否获得机会的量的层面，而且还表现在资源分配公平的质的层面。从整合服务机构运行的强大、多方面、不同年龄群的服务功能上，可以看到对于量的层面的指向，而服务内容上的保教融合、服务资源整合，则体现了同质性的指向。

总之，影响英、澳、日以社区为基础的整合性早期服务机构运行模式中全纳化趋势的根本原因之一，依然是教育民主化的需求。当"教育机会均等""保证每个孩子都能享受到可有效促进身心和谐发展的良好教育"成为一种社会需要，当幼儿教育作为终身教育的开端，得到公众的空前关注，教育民主化问题就成为各国幼儿教育改革和发展的重要趋势。为不同需要的儿童提供功能强大、易获得的早期整合服务机构，正是在教育民主化的政策出发点上运行的，其中包括脑科学关于婴儿期价值研究成果，更主要的是教育民主化潮流影响。

四、支持系统构建共性方面

三国在早期教育社区服务中体现出来"积极回应"原则，实际上就是指"第三产业"兴起所涌现的企业精神——服务导向的一种表现，服务机构成为以消费者为中心的服务提供者，作为直接消费者的儿童、家庭及其社区居民的需要，自然成为服务的灵魂和基础。具体反映在：

（一）个性化需求

产生这一运行原则的因素是多方面的，从整合机构试图寻找家内取向和国家取向的平衡性这一运行目标出发，家内取向的服务就必然应该是个别化的；全球化经济带来的人们对于多元文化的尊重，知识创新对于个性化教育要求的需要，也是其中的原因之一。

（二）共同合作

公开信息化共同合作原则不仅是运行目标中包含的大教育观思想的折射——将整合性早期服务作为人类社会生态系统的一部分，而且也是个别化原则运行的保证。共同合作不仅是整合服务正常运作和发展的保障，而且能够培养和提高家庭在育儿上的能力和决定权，使早期服务能体现对家庭、社区的尊重和个别差异性。当然，在权利下移、共同合作的过程中也容易出现一些问题：如何保持政府的权威性、如何协调地区各种平行机构之间的关系，如何在民主的过程中保持运行的效率。从三个国家推出的"专家支持"和"评估"中可以看出政府的这一态度：市场机制引入和政府引导、监督双管齐下。

（三）信息公开

成员的信息公开。信息公开原则通过定期举办会议沟通交流以及通过网络的方式实施。英国的整合机构明确提出"向社区推广经验"并且通过机构成员对外宣传、培训的方式进行；澳大利亚还将每个方案进行的"活动研究"进行全程信息公开；日本的幼儿教育中心也通过网站和会议的方式，使信息通道畅通无阻。对于一个由多种专业背景、不同资源整合运作、尚处于探索初创阶段的整合机构来说，面临的首要问题就是"整合"问题，而公开、开放显然有助于资源的协调、整合、共享，通过公开开放有助于达成共识、形成合力、提高运作效率，有助于个别化目标的实现，而信息化技术使这种公开方式更加快捷、透明。对于社区成员等服务对象来说，信息公开的原则有利于提高这一新型服务形式的公共知晓度，有助于服务的开展和最终运行目标的实现。

（四）效率优先

商业、非政府组织的合作，共同加强家庭和复兴社区。事实上，这一原则是近年来政策领域的"权利下移"趋势的表现，政策不再采用从上而下的行政方式，而是兼顾基层的声音，将自上而下和自下而上相互结合，其结果希望能促使家庭、社区的需要得到更大的尊重，与商业的合作还能够解决政府资金不足的问题。在整合效率这一原则上，澳大利亚的立场比英国和日本更加明确，明确提出"建立政府投资预算"进行调控。

对于管理者来说，机构的运行不仅追求效果，而且追求效率。这和"资源整合"密切相关。如果说整合机构资源与促进机构发展可以折射出当今经济全球化、一体化等整合化趋势，那么行业整合化的本质就并不仅仅指向集团化和规模效应本身。人们更希望以一种理性、科学的方式加强整合资源，即对高效率的追求。英、澳、日三国的整合服务机构所隐含的效率优先原则其实就是这一科学精神的体现。

第五节　对我国的启示

由英、澳、日三国经验可知，持续、有力的教育投入是以社区为基础的早期整合服务机构正常、持久运作的物质保证，教育投入等外部支持也是我国"以社区为基础的整合性早期服务"政策顺利推行的重要因素。当然，对于我国来说，不仅要在运行过程中考虑加大教育投入的问题，同时更要认真考虑教育投入的公平性和区域性。三国做法对我国启示如下：

一、政府支持方式

在对于家庭、社区社会问题提供帮助和支持的方式上，政府不再采用给予需要者直接的帮助的方式，而更加倾向于间接扶持的方式，重在培养其自信心和增强其能力，在这个过程中，使人们逐渐建立一个概念：强大的家庭有助于加强社区的力量，而社区的强大又会给予家庭、个人相应的回馈、支持和帮助。

三国政府希望通过资助和信息提供的方式，创造一个使个人、家庭通过社会团体、父母团体、志愿者和有偿工作等参加社区生活的环境。政府从专家转变为促进者和帮助者，更加关注社区中地方政府、企业协会和各类社区人合作参与的基本权利和机会。为了使这种整合有效实施，政府还对相关管理部门进行调整，用以加强各部门之间的共同协作。在这一策略的实施过程中，社区内各种家庭支持功能得到了整合，有着社区参与悠久传统的澳大利亚，近年出现社区能力下降的问题，社区居民（尤其是年轻人）很少有时间参与社区活动，社区对家庭的支持作用正在削弱，而年轻父母却渴望得到外界的支持，尤其希望参与社区活动并且从中获得服务，同时退休者也有着参与社区的愿望。

对于我国来说，示范性幼儿园普遍"姓公"，民办幼儿园的数量虽然增加得很快，但是，以社区为基础的非正规的早期服务机构还较少，社区在对这些机构的管理上专业力度不强，民办园在质量上仍然无法和示范性幼儿园相比。这些事实表明，如果不能扩大以社区为基础的非正规的早期服务机构的数量、加强社区的管理、提高民办幼儿园的质量并逐渐形成一定数量的民办示范性幼儿园，那么，最终建立社区主体运行网络会有一定难度的。

因此，在管理体制上，国家要对社会办学采取鼓励的政策，建立一些以社区为基础的非正规的早期保育教育服务机构，社区要加强对这些早期服务机构的管理，而且要在办学质量提高上给予积极支持，逐渐形成一定数量服务功能多样的以社区为基础的早期服务机构以及民办示范性幼儿园，为实现"以社区为基础的早期服务网络"这一社区主体运行模式打好基础。在管理体制上，利用具有跨部门协调能力的上级行政管理部门进行调控和协调，并制定相应的机制和制度。

但作为一个发展中国家，在教育投入上不能完全照抄英、澳、日等发达国家的大手笔投入的模式，应该从我国实际国情出发。

二、社区资源整合方式

发展更好的服务整合和联结，尽管澳大利亚有一个由政府、商业、社区组织和支援者提供的庞大服务网络，但是，有时候家庭和个人仍然会感到在获取他们需要的帮助和信息时存在着困难，因此，整合和相互联结的服务能够在地区水平上将服务和信息连成纽带。

所以，对于旨在"尊重社区、尊重家庭的需要"的整合机构来说，并不存在唯一、固定的组织结构。不同运行主体、不同规模、不同地区的整合服务机构会采用不同的组织结构，基于对于"整合"的不同理解，来自不同背景、不同专业的工作者在不断合作、磨合过程中，组织结构不断地发生着动态的调整，以适应机构运行的需要，这个整合的过程面临着持久挑战并需要长时间的磨合。

针对当前各地区弱势人群家庭孩子获得服务难的问题，政府还可以通过发放教育券的方式，增强弱势家庭及其儿童获得整合性早期服务网络的易获得性，使其发展的权利得到切实的保护。在我国推进"以社区为基础的整合性早期服务"政策的过程中，不仅应该体现在数量的增加上，更加应该体现在质量上。质量主要体现在效果、效率两方面：对于整合性网络来说，不同资源整合在一起，应该满足家庭育儿支持需要、满足社区相关成员的需要、促进婴幼儿身心健康发展、缓解家庭压力等问题，但这仅仅是效果的问题，对于整合网络来说，资源整合还必须是一种有效的整合，即完成目标。对于尚处于发展中阶段的我国来说，在资源尚不丰富的情况下，更加应该追求效果和效率。要防止一哄而上、昙花一现的低效甚至浪费的政策推进模式。

三、效果效率兼备

为加快社区婴幼儿生态发展服务目标的实现，可以加大研究力度、分享研究成果，建立整合运行机构和研究团队的长效合作机制，保证运行过程得到专家的持续、有力的支持。在这一过程中，行动研究法是一种比较有效的方法，澳大利亚的经验已经证明了这一点，机构运作者不仅能够不断得到相关的引导和信息，而且还能够不断提高自己的研究、创新能力。

在推进社区建设过程中，政府还应该进一步解决街道与各个部门条、块和社区的关系，转变职能、理顺关系，将社区建设的重心下移，同时关注社区中地方政府、企业协会和各类社区人群的合作参与，从而使社区参与意识和能力得到提升；同时，社区建设的实践更呼唤着大批有志于从事社区建设的人才脱颖而出，改变过去落后的社区队伍结构，从社区干部专业队伍、志愿者队伍和理论研究者队伍几个方面提升社区人才的建设，这样才可能扩大和加强社区服务功能，使社区资源的综合运用能力提升，从而增强人们对于社区的参与意识和参与能力。

同时，应该鼓励和扶持社区以集资的形式办园，逐步建立一系列以社区为基础的早期服务机构，增强社区在早期服务管理上的专业水平，并且逐渐形成一批社区办的示范性幼儿园。在提升社区服务能力的同时，发挥社区服务作为推进社区建设的重要载体作用。多功能的早期服务作为加深人们对社区建设的支持和认可，不仅有助于营造"人人参与、共驻共建"的社区氛围，而且能为社区成为整合型网络的平台、主体打好基础。所有这些，将有助于建立社区早期保育教育支持体系的评估系统，保证科学化发展方向[20]。

我国幅员辽阔，各地区的经济条件、人口素质、人群特点都不相同，开展早期整合服务网络运行时应该有不同的内容、方法和途径，也就是说，必须结合区域特点进行生态系统理论视角的整盘考量：有着良好管理体制的区域可以加大资源整合力度，以更加一体的模式进行整合；而管理体制尚未理顺的区域，则适合先从比较松散的、以协调、平行的模式进行整合；人口稀疏地区可以采用流动服务的方式以增加服务的易获得性；而对于人口密集的区域来说，易获得的服务应该是一站式、中心式的整合服务机构；经济水平比较发达的区域可以更多地依靠市场机制获得财力支持；经济水平欠发达的区域应该更多的依靠国家资助的方式运作。

第四章　D市0~6岁婴幼儿生态发展社区支持体系构建探索

第一节　0~6岁婴幼儿生态发展社区现状

社会的可持续发展须以儿童的福祉为中心得以实现，虽然社区治理开展如火如荼，但绝大多数都是围绕养老主题，为儿童尤其是为0~6岁的婴幼儿提供的公共服务极其缺乏，与此同时，良莠不齐的商业早教市场严重缺乏监管，二孩政策实施以来，0~3岁婴幼儿及其家庭托育需求与日俱增。在社区的钢筋水泥丛林里，可供婴幼儿玩耍使用的空间非常有限。加之，0~6岁婴幼儿及其祖辈日渐成为社区里的主体人群，中国社会多为双职工家庭，孩子归祖辈抚养居多，对普惠型的社区儿童公共服务迫切渴望。

为此，本次调查为了解D市0~3岁婴幼儿托育机构及早期教育的基本情况而展开。

一、0~3岁婴幼儿生态发展社区服务状况

聚焦D市以招收3岁以下婴幼儿为主的机构（以下简称"托育机构"）的现状摸底，"0~3岁婴幼儿社区早期教育指导服务需求调查问卷"的调研回收问卷976份，剔除重复托育机构单位的问卷80份，共计回收有效问卷876份。通过专家咨询讨论认为，本次调研的目的是了解0~3岁婴幼儿社区早期教育指导服务需求，所以在876份有效问卷中删除了以招收3岁以上婴幼儿为主的机构（以下简称"幼教机构"）的479问卷。因此，符合本次调研目的托育机构问卷共计397份。

（一）调查结果

1. 托育机构开办情况

托育机构开办类型为：大中型企事业单位内设托育机构 18 家（4.5%），商铺办托育机构 125 家（31.0%），住宅小区内家庭园 40 家（10.1%），民办非企业（社会企业、社会组织、民非组织）办园 176 家（44.3%），其他 26 家（9.6%，含公办幼儿园 11 家，月子中心 1 家），如图 4-1 所示；托育机构性质为营利性的托育机构 204 家（64.15%），非营利性的托育机构 193 家（35.85%），如图 4-2 所示。

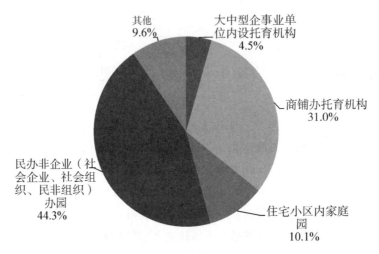

图 4-1　托育机构的开办类型

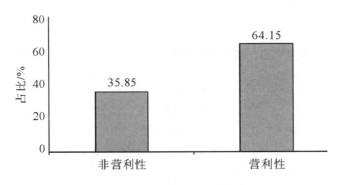

图 4-2　托育机构的开办性质

2. 托育机构建筑情况

（1）托育机构的场地属性

从场地属性看，独立设置（独立建筑，周边设有围墙或围护设施）占

57.2%，与其他商业建筑共建和住宅各占 19.92%、11.85%，即建筑非独立设置共占 42.8%，如图 4-3 所示。将托育机构的建筑属性与托育机构登记注册结合分析发现租赁房屋办托育机构的较多的在市场监管部门（64.6%）和教育部门（22.2%）登记注册；独立设置的托育机构大部分在教育部门（57.1%）登记注册，与其他建筑共建的托育机构大部分是在市场监管（76%）部门注册登记。

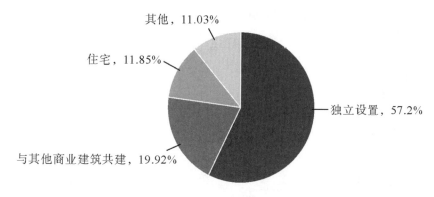

图 4-3 托育机构场地属性

（2）托育机构的室外场地面积

托育机构室外场地面积 400 平方米以上的占 43.62%，室外场地面积 60 平方米以下的占 6.33%，室外场地面积在 60~400 平方米的占 38.3%，其他（包括临时借用、与其他机构共用、没有室外面积等）占 11.75%，如图 4-4 所示。

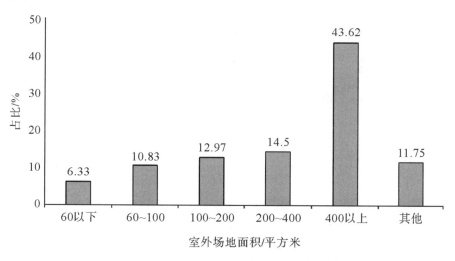

图 4-4 托育机构的室外场地面积

3. 托育机构规范管理情况

（1）托育机构的消防通道

托育机构有独立的双消防通道的 252 家（67.62%），在市场监管部门注册的占 40.5%，在教育部门注册的占 45.2%；非独立双通道的 64 家（10.42%），在市场监管部门注册的占 67.1%；独立的单通道 52 家（14.71%），非独立单通道 12 家（2.96%），无消防通道的 4 家（0.41%），其他情况（3.88%），如图 4-5 所示。

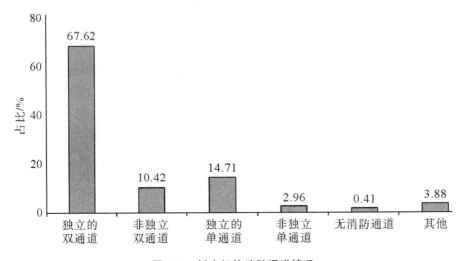

图 4-5　托育机构消防通道情况

（2）托育机构的总体规模

托育机构规模主要以小型机构（47.1%）和中型机构（19.6%）为主，其中小、中型机构在市场监管部门注册分别占 50.8%、59%。托育机构总班额为 3 岁以下两个班 286 家（72%），其中在市场监管部门注册的占 32.9%，在教育部门注册的占 47.6%；三个班以上的 111 家（30%），其中在市场监管部门注册的占 72%，如表 4-1 所示。

表 4-1　托育机构的总体规模情况　　　　单位：家

分类	项目	市场监管注册数量	民政注册数量	教育注册数量	其他注册数量	未注册数量	总数量（占比）
规模	特大型机构：150人以上	6	0	17	1	0	24（6%）
	大型机构：101~150人以内	9	1	11	1	0	22（5.5%）
	中型机构：51~100人以内	46	11	17	3	1	78（19.6%）
	小型机构：50人以内含50人	95	21	58	3	10	187（47.1%）
	其他	18	10	52	2	4	86（21.7%）
总班额	3岁以下两个班	94	36	136	7	13	286（72%）
	3岁以下三个班	38	2	7	1	1	49（12.3%）
	3岁以下四个班	28	1	4	0	1	34（8.6%）
	3岁以下五个班	2	1	0	0	1	4（1%）
	3岁以下五个班及以上	12	3	8	1	0	24（6%）

4. 托育机构的服务项目

（1）托育机构的服务内容及方式

托育机构提供的主要服务内容为0~3岁婴幼儿生活照顾的320家（80.6%），其中市场监管部门注册的占50%，教育部门注册占33.4%；0~3岁婴幼儿智力发展课程的301家（75.8%），其中市场监管部门注册占50.5%，教育部门注册占32.6%；0~3岁亲子活动指导的287家（72.3%），市场监管部门注册占53%，教育部门注册占32.1%。全日托育服务270家（68%），市场监管部门注册占56%；早教指导课166家（41.8%），市场监管部门注册占60.2%；同时提供3岁以上儿童托育服务165家（41.6%），教育部门注册占47.3%，如表4-2所示。

表 4-2　托育机构服务内容及方式情况　　　　单位：家

分类	项目	市场监管注册数量	民政注册数量	教育注册数量	其他注册数量	未注册数量	总数量（占比）
服务内容	生活照顾	160	31	107	7	15	320（80.6%）
	智力发展课程	152	31	98	9	11	301（75.8%）
	儿保服务	73	14	58	6	7	158（39.8%）
	亲子活动指导	152	26	92	8	9	287（72.3%）
	其他	11	12	50	2	1	76（19.1%）

表4-2(续)

分类	项目	市场监管注册数量	民政注册数量	教育注册数量	其他注册数量	未注册数量	总数量（占比）
服务方式	全日托育服务	151	26	73	6	14	270（68%）
	半日托育服务	70	9	19	2	3	103（25.9%）
	计时托育服务	39	5	20	1	1	66（16.6%）
	早教指导课	100	12	43	6	5	166（41.8%）
	亲子半日托（家长陪伴上课）	65	9	24	2	2	102（25.7%）
	提供3岁以上儿童托育服务	58	18	78	5	6	165（41.6%）
	其他	7	8	43	2	1	61（15.4%）

（2）托育机构的课程设置及家园共育

课程设置主要为蒙台梭利课程178家（44.8%），其中市场监管部门占62.9%；感统课程178家（44.8%），市场监管部门占59%；自主研发课程224家（56.4%），市场监管部门占50.4%。托育机构开展家园共育的常见方式为定期召开家长会340家（85.6%），开展各类亲子活动372家（93.7%），通过家园联系册或线上沟通平台327家（82.4%），如表4-3所示。

表4-3　托育机构的课程设置及家园共育情况　　　　单位：家

分类	项目	市场监管注册数量	民政注册数量	教育注册数量	其他注册数量	未注册数量	总数量（占比）
课程设置	欧美澳洲引进的课程	36	2	7	3	15	48（12.1%）
	日本引进的课程	11	2	1	0	1	15（3.8%）
	中国港澳台地区引进课程	33	2	13	2	1	51（12.8%）
	蒙台梭利课程	112	11	42	3	10	178（44.8%）
	感统课程	105	14	47	5	7	178（44.8%）
	自主研发课程	113	22	74	4	11	224（56.4%）
	其他	28	23	83	4	3	141（35.5%）
开展家园共育的常见方式	定期召开家长会	145	38	146	4	7	340（85.6%）
	开展各类亲子活动	165	41	148	6	12	372（93.7%）
	通过家园联系册或线上沟通平台	144	33	133	5	12	327（82.4%）
	其他	25	9	27	3	2	66（16.6%）

概括而言，D市0~3岁婴幼儿生态发展社区服务的供给面临旺盛的市场需求与符合需求的托育市场机构稀少、规范缺失等之间的矛盾。面对人民群众对婴幼儿照护服务需求的日益增长，婴幼儿照护已经出现以家庭照护为主，父母祖辈参与照护率高，社会化照护率低，婴幼儿服务体系不健全，服务供给不足，管理不规范等现状突出问题。D市率先落实党中央、国务院决策部署，促

进全市婴幼儿照护服务的发展，结合 D 市实际，在围绕着如何满足需求、机构解困、培养人才、完善行业监管等方面的突出问题，在全省市政府出台了《成都市人民政府办公厅关于促进 3 岁以下婴幼儿服务发展的实施意见》，提出了一系列规范要求，例如，对婴幼儿照护机构实行注册登记管理。举办非营利性机构的，依法向所在地县级以上社会组织登记管理机关或机构编制部门申请注册登记；举办营利性机构的，向所在地县级以上市场监管部门或行政审批部门申请注册登记。婴幼儿照护机构经核准登记后，应按照有关规定及时向当地卫生健康部门备案。登记机关应及时将登记信息推送全 D 市政务信息资源共享平台，所在地县级卫生健康部门通过该平台获取共享登记信息数据。县级卫生健康部门依法向社会公众公示托育机构有关信息，接受社会监督。这为加强 D 市 3 岁以下婴幼儿照护服务机构的专业化、规范化，起到了保驾护航和行业引领的作用。

二、0~6 岁婴幼儿生态发展社区支持情况

《中国儿童发展纲要（2011—2020 年）》要求，"积极发展公益普惠型的儿童综合发展指导机构，90% 以上的城乡社区建设 1 所为儿童及其家庭提供游戏、教育、卫生、社会心理支持和转介等服务的儿童之家"。强化城乡社区儿童服务功能。建立以社区为基础的儿童工作保护机制，充分挖掘和合理利用社区资源、动员学校、幼儿园、医院、社区教育学院等机构和社会团体、志愿者参与儿童保护。整合社区资源建设儿童活动场所，配备专、兼职工作人员，提供运行能力，为儿童及其家庭提供服务。但学龄前儿童社区活动空间缺乏，家长教育和社区环境建设缺乏，随着二孩政策带来的母婴市场繁荣，社区提供家门口的社会性的儿童公共服务，构建社区早期教育服务体系与市场对接已经变得可能。

正如《中共中央国务院关于深化教育改革，全面推进素质教育的决定》中指出："家庭、学校、社会要互相沟通，积极配合，共同开创素质教育的新局面。"[21] 家庭是婴幼儿生活成长的第一环境，社区是婴幼儿探索社会的第一环境。如何对家庭早期教育进行有效资源管理，把 0~3 岁婴幼儿生态发展家庭教育资源和社区资源纳入 3~6 岁婴幼儿幼儿园教育的有机组成部分是社区早期教育的一种实践与创新。尝试突破幼儿园的空间限制，利用家庭和社区的开放性，让婴幼儿在家庭生活中，通过熟悉的一日生活与游戏活动，在社区和幼儿园的熟悉环境中，各方面发展能够得以延续（见附录一《家庭早期教育资源管理的社会实践研究——成都市武侯区第五幼儿园社区早期教育实践与创新》）。

不仅如此，近年来，D市政府、教育局、卫健委、工青妇、社区管理部门还非常重视0~6岁婴幼儿生态发展开展成效。很多社区依托社区教育学院，以"引领""协同""辐射"三层次齐头并举，全面展开婴幼儿生态发展社区服务体系构建。其中"引领"是指"社区学习型城市与社区教育联席会和社区教育局"发挥保驾护航引领功能，提供适时方针政策；"协同"是指社区婴幼儿生态发展工作领导小组协同早教领导小组办公室（学前科）、社区学习型城市与社区教育联席会协同"教育、卫健、民政、妇联、街道和社区"等、专家指导团队协同"高校、政府部门、学会、行业协会"等；"辐射"则是在社区婴幼儿生态发展学院立足"幼儿园、社区卫生服务中心、妇幼保健院"，借助婴幼儿生态发展师资和志愿者培训，建立"1+N"早期教育孵化站，积极孵化社区婴幼儿生态发展科研团队，通过"主题活动""赛课赛方案""年度工作审议"等项目管理，现场督导与评价调整社区婴幼儿生态发展服务支持体系的构建工作的运行实效（见图4-6）。

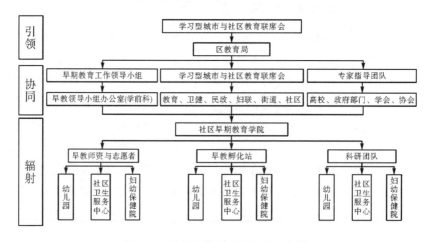

图4-6　社区早期教育服务管理架构

大多数3~6岁幼儿已经进入幼儿园，家庭、幼儿园、社区就顺理成章构成了影响幼儿发展的三大主要环境。幼儿的发展又往往不能单因素独立建构，它需要家庭、幼儿园、社区在统合的生态环境中不断相互发生关系，产生互动，呈螺旋上升趋势来逐步建构，0~6岁婴幼儿需要在特定的文化背景中建构知识、情感和人格。因此，要充分重视并尊重婴幼儿与自身及周围环境的互动，真正做到"从儿童出发，以儿童发展为本"[22]。目前，合作共育模式是多数幼儿园非常看重并积极践行的早期教育服务模式，具体做法是：把家庭当成幼儿园教育、社区教育的基础、助手和补充，把幼儿园当成家庭教育、社区教育的主体力量，把社区当成家庭教育、幼儿园教育的依托和延展，有效组织家庭、幼儿园、社区三方面的高效协同，依照共育目标和共育内容，开展互动协作，立足保障措施设立预案，在社区婴幼儿生态发展服务实践中形成良性互动，实现社区早期教育实践与创新（见附录二《家庭、幼儿园与社区"三位一体、合作共育"实践模式探究——成都市天府新区华阳幼儿园社区早期教育实践与创新》）。

第二节　采取的主要政策与措施

一、立足社区资源整合

沿着0~6岁婴幼儿生态发展社区支持体系构建的时间脉络与社区需求，立足于社区治理现代化创新，社区支持体系构建呈现须立足社区的资源整合发展方向。

0~6岁婴幼儿生态发展社区支持体系构建是我国社区治理转型进程中的一大创新，如果社区配套改革试验区，积极探索社区治理资源融合的新机制，"以分级管理为前提，为社区婴幼儿及家庭的发展为核心，以社区治理为导向"，努力培育和壮大一批社区社会组织，建立新型良好的政府——社区关系，将在很大程度上提升政府效能。研究构建一个政府、社区、家庭三位一体的社区共建共享管理体系：一方面，畅通民意诉求、有效把握基层社区管理的基本方向，充分理解社区关于婴幼儿生态发展社区服务的个性化需求，充分了解民意、听取民意，并将民意上升到政策依据的高度，力求把握社区管理的基本方向，为国家社区共建政策出台提供借鉴参考；另一方面，借助建立起责任明确的社区综合管理机制，坚持"以人为本"，提升社区共建服务能力、行政能力，推动服务型政府的建设发展，以社区婴幼儿及家庭生态发展的现实需求为出发点，倡导"幼有所育、学有所教"，就在家门口解决社区家庭的后顾之忧，合理有效引导利用社区资源，如老年人力资本、青年人力资本等，社会组织等为社区提供服务，尤其是"社区儿童之家"通过建立线下一体化的服务，服务不受地域与时间限制，让服务更加个性化，满足社区内不同家庭的个性化的育儿需求，适应"互联网+"时代的多元需求，帮助家庭真正享受普惠性的优质服务。这在很大程度上促进了服务型政府建设，促进社区的共建共享与可持续发展。

二、提高社区服务意识

社区服务意识指的是社区居民对社区组织、社区成员和社区文化的认同，并在此基础上产生的归属感和依赖感，由此萌发主动服务于社区的愿望。研究强调：在社区服务意识的培育上，政府应该发挥主导和重要的宣传作用，一方面向社会讲授社区治理的概念、宣传社区治理的意义和价值；另一方面积极主动地践行社区治理，加强社区教育。政府要以身作则，努力营造舆论氛围、激活公民的民主自由意识和思想、健全社会组织、重塑社会结构、加强对基础设施建设的投入、创建社会互动机制、拓宽社区居民参与的途径和渠道，使全社会对社区治理有正确到位的认识，引导社区居民积极加入社区治理中来，通过社区多元主体的参与，在社区形成互动网络结构，增强社区与政府的相互信任与支持，实现共同利益。

0~6岁婴幼儿生态发展社区支持体系构建要创新，要分析辨别社区婴幼儿及其家庭的实际需求，立足家庭、立足社区，实施有效的资源整合与搭配，探索建立"社区+机构+家庭"和"社区早期教育服务综合体"等新型社区早期教育支持体系模式，通过"互联网+"实现"社区早教指导中心+信息平台+社区早教机构网络平台+社区早教服务战略联盟"的信息共享，将社区早期教育功能延伸渗透到社区，建立起全方位、多元化的服务网络，充分有效地整合和利用社区资源，合理有效兼具社区家庭与婴幼儿早期教养功能，更多地考量市场要素、社区要素和家庭要素，为社区婴幼儿及其家庭享受家门口的社区早期教育服务，包括从餐饮、照料、医疗、文体娱乐、旅游、金融理财、教育培训、入户指导、早教机构、托育中心等与社区早期教育综合体及其产品的开发等。比如建立医养结合的婴幼儿照护和医教结合的社区早期教育综合体、家政服务型社区早期教育服务、订单式社区上门早教指导服务等新型、多样化社区早教服务模式，有效整合资源和节约人工成本。

三、更新社区支持理念

2019年国务院印发的《关于促进3岁以下婴幼儿照护服务发展的指导意见》强调优先支持普惠性婴幼儿照护服务机构，并要求属地管理[23]，绝大多数3~6岁婴幼儿已经进入幼儿园。将0~6岁婴幼儿生态发展社区支持体系构建作一体化的一盘棋整体考量，在一定程度上拓宽了社区治理的研究视角、丰富了社区治理理论，更新了社区治理方式，不论从社区管理与服务硬件的投入、社区自治组织与社会组织的平台构建、市场组织引入量的变化，还是从社区治理的格局、0～6岁婴幼儿及其家庭参与的程度、婴幼儿生态发展社区服务的水平提高等方面，都是社区治理的有益尝试。但0～6岁婴幼儿生态发展社区支持体系构建方面寻求社会和政府的制度及政策支持要找到现实依据与路径选择，要更新社区治理方式，要创新基层社区管理理念、方式方法和手段、运行机制、管理体制、组织架构的构建等，还需要全面提升政府的基层社区管理能力，在一定程度上促进0～6岁婴幼儿生态发展社区支持体系构建和社区服务型政府建设，任重道远。社区更新治理方式，有效促进0～6岁婴幼儿生态发展社区支持体系构建及可持续发展，有赖于政府应主导，大力发展一些功能健全的社会非政府组织的行业协会、完善社区中介组织的管理体系、更新社区中介组织的治理手段、健全社区非政府组织的法律机制，重新平衡两者的力量分配，引导其为0～6岁婴幼儿生态发展社区支持体系构建群策群力，建立良好的互动网络关系，主动引导民间各种社会资源，使社区中介组织在保持自己独立性的同时接受政府和社区的指导、公众的监督，与政府积极合作，共同构建0～6岁婴幼儿生态发展社区支持体系，并促进其可持续健康发展。

第三节　存在的主要问题

随着二孩政策全面放开，不少家庭都有了新顾虑："孩子不满3岁无法上幼儿园，我们还年轻，工作也放不下，如果把孩子送到托育机构，又担心机构的资质和服务质量，孩子放哪里照顾才合适？"面对人民群众对婴幼儿照护服务需求的日益增长，婴幼儿照护以家庭照护为主，父母祖辈参与照护率高，社会化照护率低，婴幼儿服务体系不健全，服务供给不足，管理不规范等是目前存在的主要问题。

一、0～6岁一体化社区支持体系要素不足

D市范围内近年来建立了覆盖全市多个街道，多个社区婴幼儿生态发展指导中心，这些社区婴幼儿生态发展指导中心大部分获得了政府、卫健委、社区、妇联及行业协会等部门不同程度的支持，相继完善了相关的设施，也承接了政府购买服务的部分实施任务。但在具体操作方面，情况不一。一些社区的婴幼儿生态发展指导中心更多的是仅仅提供了一个场地和平台，向社区婴幼儿及家庭开展自娱自乐活动，较少有常规化的上门服务和专业化特色服务；一些社区早期教育指导中心虽然开展了一些特色服务，但是存在服务水平不高、收

费人高、安全性差等问题。还有些婴幼儿生态发展指导中心仅仅是修建了场所，挂了牌子，虽然承诺了服务内容，但是受资金有限影响，提供的具体服务内容比较单一，服务水平也良莠不齐。有些社区的婴幼儿生态发展指导中心因为受场地限制，根本无力提供完善的社区早期教育服务内容。

一方面，劳动参与率如此之高，尤其是女性劳动参与率高达70%，这说明成人（尤其是母亲）都进入社会劳动领域，过去那种把0~3岁婴幼儿教育扔给家庭的做法现在越来越不符合家庭、社会的期望，简而言之，家庭无法胜任婴幼儿的保育教育的任务，需要国家、社会各方面共同努力，共同承担婴幼儿的教养的责任，而目前的公共托育服务出现巨大缺口；另一方面，目前，个别省（区、市）已经制定了0~3岁婴幼儿生态发展地方性政策法规，但是尚未出台全国性的政策法规，婴幼儿生态发展公共服务缺乏统一的规范标准和工作指导，直接导致婴幼儿生态发展服务机构的市场准入、从业人员管理、服务质量监管等方面的制度缺失，造成了一定程度上的市场混乱；再者，婴幼儿生态发展社区服务还面临供不应求、社区支持体系没有建立、场地不合格、监管不够和师资不足等困境，其社区支持体系建设仍属于要素不足阶段，亟待完善。

二、0~6岁一体化社区支持体系运行机制不健全

囿于社区共建共享共创意识起步较晚，宣传力度也不大，尚需政府、社区和社会的全面倡导和深入动员，整合利用资源的效率亟待提升。目前0~6岁婴幼儿生态发展社区服务存在以下特点：供需矛盾尖锐化、服务对象多元化、服务过程协作化、服务评价综合化和服务管理空心化，一体化社区支持体系运行机制不健全，存在着现有资源整合不足、管理运行机制难以适应现实需要的问题，使本来就显得不足的婴幼儿生态发展社区要素资源不能充分发挥其效率和作用，进一步加剧了资源不足的问题。

与此同时，以地方政府为工作主体，有关部门协调支持，院校、企业、社会团体、职业培训机构、公共实训基地、早期教育服务机构、儿童福利机构等为实施载体，紧扣婴幼儿生态发展服务市场需求和人员就业需要的职业技能培训制度存在管理真空现象，导致0~6岁婴幼儿生态发展一体化社区支持体系运行机制不健全。

三、0~6岁一体化社区支持体系的功能发挥不足

（一）服务范畴比较狭窄

目前，婴幼儿生态发展社区服务的范围多停留在亲子活动指导、科学育儿宣传、家长微信群、家长沙龙和举办讲座层面上，对幼儿的日常照护与营养膳食管理、身心发展状况、认知能力与情绪管理等方面涉及甚少。在医疗保健方面，社区内婴幼儿医疗保健相对匮乏，主要还是以儿科体检与疫苗接种服务为主，诊疗护理水平有限，基本上还没有形成预防、适时干预、医疗、照护为一体的医教结合服务体系；在精神文化服务体系方面，大多数社区服务中心都没有开展心理健康辅导服务，精神文化活动开展相对单一，对婴幼儿及家庭情绪管理引导尤显不足；一些社区为儿童可见可触摸的设备设施和环境改善不足，没有儿童亲子阅读区域，没有儿童博物馆，婴幼儿生态发展社区服务范畴比较狭窄，社区支持体系功能难以得到充分发挥。

（二）服务内容单一

婴幼儿生态发展社区服务需要针对不同婴幼儿及家庭的现状与个别化需求，因地制宜整合资源，提供综合性、协同性、个性化服务。可是现在大多数社区能够提供的早期教育服务内容还比较单一，个性化服务明显不足，服务项目大多是早教机构组织家长与孩子一起游戏或参与一些主题活动，提供育儿保健咨询等，对于社区内那些最需要服务的特殊儿童及家庭、新迁入社区的儿童及家庭，并没有太多特殊的个性化服务，比如入户指导、心理健康咨询、共建共创共享社区宣传、对发育失常的婴幼儿及家庭进行适时干预等，多层次、多元化、针对性强的服务内容在社区早期教育服务中的集中体现能够在一定程度上解除父母后顾之忧，是增强社区婴幼儿及家庭安全感、幸福感和归属感的定心丸。

（三）服务资源欠缺整合

由健康照护师、婴幼儿照护员、家政服务员、育婴师、保育员、孤残儿童护理员等组成的社区早期教育服务人才队伍，在社区治理体系中要有效服务于社区婴幼儿及家庭需要社区资源高效整合，概括而言为婴幼儿生态发展社区工作五方面动力。

1. 政府推动力方面

（1）纳入社会发展的总体规划；

（2）纳入党委、政府为民办实事项；

（3）纳入各级工作责任目标。

2. 部门联动力方面

（1）"网点"形式要多样；

（2）"网络"服务要周到；

（3）"网线"指导要到位。

3. 社会发动力方面

（1）开发村（社区）资源，把早教融入乡村振兴战略；

（2）开发卫生计生优质服务资源，发挥培训教育的作用；

（3）开发教育资源，强化幼儿园的婴幼儿早教能力；

（4）开发媒体资源，营造良好氛围。

4. 家园互动力方面

（1）加强培训；

（2）定期开放交流；

（3）入户指导服务；

（4）社区服务虚拟实景联动模式。

5. 产业拉动力方面

（1）加充分发挥社会力量，做大行业龙头；

（2）大力培养专业师资，提高早教水平；

（3）大力培育婴幼儿消费市场，促进产业发展。

目前，这五方面动力的启动尚欠缺有效整合，在一定程度上阻碍着 0~6 岁婴幼儿生态发展一体化社区支持体系的构建。

第五章 对策建议

保障和促进 0~6 岁婴幼儿生态发展服务，提出因地制宜的 0~6 岁婴幼儿生态发展社区支持体系构建的对策建议是促进人的终身发展的奠基工程，也是保障与改善民生、完善城市社区治理的重要举措，更是我国建设人力资源强国的必然要求，以社区管理、社区服务、社区参与、社区救助等为重要内容，对儿童成长、女性就业、家庭幸福和社会稳定具有重要意义。

第一节 社区支持体系构建的基本构想

当前，针对婴幼儿生态发展社区尚存支持体系要素不足、运行机制尚不健全、支持体系的功能发挥不足等问题，本研究认为，社区早期教育生态支持体系构建将围绕社区整合社区资源、提高社区服务意识、更新社区支持理念三方面展开。

（一）整合社区资源

婴幼儿生态发展社区支持体系构建是我国社区治理转型进程中的一大创新。其以分级管理为前提，以社区婴幼儿及家庭的发展为核心，以社区治理为导向，积极探索社区治理资源融合的新机制，努力培育和壮大一批社区社会组织，建立新型良好的政府—社区关系，着力构建一个政府、社区、家庭三位一体的社区共建共享管理体系。一方面，有效畅通了民意诉求、把握了基层社区管理的基本方向，充分理解社区关于婴幼儿生态发展的个性化需求，充分了解民意、听取民意，并将民意上升到政策依据的高度，力求把握社区管理的基本方向，为出台相应政策提供借鉴参考；另一方面，借助建立起责任明确的社区服务机制，坚持"以人为本"，提升社区共建服务能力，以社区婴幼儿及家庭社区早期教育的现实需求为出发点，倡导"幼有所育、学有所教"，就在家门口解决社区家庭的后顾之忧，合理有效引导利用社区资源，如老年人力资本、青年人力资本等，社会组织等为社区提供服务，尤其是"社区儿童之家"通过建立线下、线下一体化的服务，服务不受地域与时间限制，让服务走向深度，满足社区内不同家庭的个性化的育儿需求，适应"互联网+"时代的多元需求，帮助家庭真正享受到了普惠性的优质服务。这在很大程度上促进了服务型政府建设，促进社区的共建共享与可持续发展。

（二）提高社区服务意识

社区服务意识指的是社区居民对社区组织、社区成员和社区文化的认同，并在此基础上产生的归属感和依赖感，由此萌发主动服务于社区的愿望。研究强调：在社区服务意识的培育上，政府应该发挥主导和重要的宣传作用，一方面向社会讲授社区治理的概念、宣传社区治理的意义和价值；另一方面积极主动地践行社区治理，加强社区教育。政府努力营造舆论氛围、激活公民的民主自由意识和思想、健全社会组织、重塑社会结构、加强对基础设施建设的投入、创建社会互动机制、拓宽社区居民参与的途径和渠道，使全社会对社区治理有一个正确到位的认识，引导社区居民积极加入社区治理中来，通过社区多元主体的参与，在社区形成互动网络结构，增强社区与政府之间的信任与支持，实现共同利益。

婴幼儿生态发展社区支持体构建要加强创新，有效分辨社区婴幼儿及其家庭的实际需求，立足家庭、立足社区，实施有效的资源整合与搭配，探索建立"社区+机构+家庭"和"社区早期教育综合体"等新型婴幼儿生态发展社区支持体系模式构建，通过"互联网+"实现"社区早教指导中心+信息平台+社区早教机构网络平台+社区早教服务战略联盟"的信息共享，将婴幼儿生态发展社区功能延伸渗透到小区，建立起全方位、多元化的服务网络，充分有效地整合和利用社区资源，合理有效实施社区家庭与婴幼儿早期教养，更多地考量市场要素、社区要素和家庭要素，为社区婴幼儿及其家庭享受家门口的婴幼儿生态发展社区服务（包括从餐饮、照料、医疗、文体娱乐、旅游、金融理财、教育培训、入户指导、早教机构、早期教育中心等与社区综合体及其产品的开发等）。比如建立医养结合的婴幼儿早期教育和医教结合的社区早期教育综合体、家政服务型社区早期教育、订单式社区上门早教指导服务等新型、多样化社区早教服务模式，有效整合资源和节约人工成本。

（三）更新社区支持理念

更新婴幼儿生态发展服务的社区支持理念，有效促进婴幼儿生态发展社区支持体系构建及可持续发展，有赖于政府应主导，大力发展一些功能健全的社会非政府组织的行业协会、完善社区中介组织的管理体系、更新社区中介组织的治理手段、健全社区非政府组织的法律机制，重新平衡两者的力量分配，引导其为社区早期教育支持体系构建群策群力，建立良好的互动网络关系，主动引导民间各种社会资源，使社区中介组织在保持自己独立性的同时接受政府和社区的指导、公众的监督，与政府积极合作，共同构建0～3岁婴幼儿生态发展社区支持体系，并促进其可持续健康发展。

全面更新社区支持理念，譬如建立"社区服务家庭、家庭反哺社区"价值共享的目标体系，将社区家庭视为具有主观能动性的社区主人，充分发挥其社区主人翁意识，激发主动反哺社区，积极加入社区早教志愿者队伍，不断为社区提供力所能及的服务；建立婴幼儿生态发展社区管理的协调体系，该体系包括内部系统、外部协调和多元协调三个维度，力求不同的权利主体跳出各自固有的权责边界，通过非暴力手段达成有效的共识，共同遵守一定的规则，形成彼此之间合作与配合的联系，并使这种治理秩序能够保持一种动态平衡机制（高峰，卢立涛，2015）；建立婴幼儿生态发展社区执行体系，敏捷回应不断变化的个性化的需求，坚持动态社区早期教育有机整合，立足于社区共育的大教育观思想，全面提升社区婴幼儿及家庭的归属感和幸福感，对行政主导的社区服务供给模式进行反思和创新发展，探索新型的社区婴幼儿早期教育支持体系构建策略（张晋，2015）；建立婴幼儿生态发展社区评估管理体系，立足社区文化滋养，采用静态评估与动态评估、考核抽查评估与过程性评估多种方式相结合方式，从保障支持、文化支持、师资支持、看护人及家庭支持和婴幼儿个体发展支持等社区支持体系构建的核心要素出发，有效促进社区婴幼儿生态发展获得稳定资金的基础上科学运作，促进社区师资队伍建设；搭建"智库感应"社区互助网络平台，创建社区命运共同体，建立多领域的专家支持系统，明确社区各管理机构的责任分工与合作方式，全面激发社区困境婴幼儿及家庭的内在潜能（高彩红，2015）。通过智能化社区资源整合、智能化敏捷回应等形式，方便社区婴幼儿及其家庭借助微博、微信等新媒体形式，发布社区早期教育的需求信息、完成申请程序以及发表服务效果评价等。

概括而言，婴幼儿生态发展社区支持体系的构建要有以文化信仰与价值观为核心的宏观系统，将社区婴幼儿及其家庭生活放到多层级多系统的社区生态中去整体考量，对婴幼儿生态发展要站在生态系统的角度上，通过宏观系统、中观系统、微观系统及其相互之间的联系，以教师能力的发展、家长育儿能力的提高和社区文化生态的改善为着力点，构建社区婴幼儿及家庭生活的社区环境支持体系，促进社区婴幼儿及家庭在社会生态、个体间人际关系和个体内部核心能力方面的全面发展，形成社区命运共同体，构建起全面协作创新的氛围。

第二节　社区支持体系构建的主要对策

一、整合社区资源，丰富社区支持体系构建的核心要素

整合社区资源，丰富社区支持体系的核心要素，包括目标体系、协调体系、执行体系与管理体系四个方面。

（一）建立"社区服务家庭、家庭反哺社区"价值共享的目标体系

建立"社区服务家庭，家庭反哺社区"的共享价值取向，将家庭支援作为0~6岁婴幼儿生态发展社区支持体系构建的核心目标。整合性社区早期教育支持资源可以在很大程度上满足社区婴幼儿及家长的多样化需求，社区立足强调"提升家庭能力，给予家庭支持"的社区早期教育服务方式，将社区家庭视为具有主观能动性的社区主人，充分发挥其社区主人翁意识，激发主动反哺社区，积极加入社区早教志愿者行列，不断为社区提供力所能及的服务。同时与社区早教机构建立合作伙伴关系，以整合规范社区早教机构，价值共享为抓手，促进社区相关资源的整合利用以及社区服务能力的整体提升，在社区目标主体参与的基础之上，利用其参与社区公共事务的方式，推进目标主体积极参与并承担社区事务相应责任的一种社区建设模式。它强调了各社区治理主体在治理实践过程中的相互配合与合作，从而协同提高社区整体发展的能力，通过优化社区大环境实现"社区服务家庭、家庭反哺社区"目标体系的建立。

（二）建立婴幼儿生态发展社区服务管理的协调体系

婴幼儿生态发展社区服务管理的协调体系指政府、社区相关管理职能部门、社区各团体与社会组织和社区居民等通过适当的财政支持、成果管理、评估监测等方式共同创造社区共同生活环境，发挥对社区的监督、调控与协调职能，其中政府承担的是促进者和帮助者角色。政府的系统功能是通过关注和保障社区中居委会、街道办事处、卫计委、企业协会和家庭，确保其有合作参与社区早期教育服务的基本权利和机会；社区相关管理职能部门与管理者的协调功能是构建社区资源的整合计划，安排和参加会议，组织机构成员讨论，构建达成共识的条文，协商制定和监督社区早教机构法人执照规范，募集必要资金等[24]。社区协调分为内部系统、外部协调和多元协调三个维度：社区内部协调主要是协调现有早教服务提供者之间的合作，通过会议和沟通进行资源配置与服务内容上的协调；社区外部协调主要是立足于婴幼儿及家长不断发展的需要，与社区政府、非政府或者个人社区团体密切合作，通过和社区家庭、社区

早教专业机构的有效沟通以确定社区家庭及其婴幼儿的需要，制定 0~6 岁婴幼儿生态发展社区支持体系构建计划和应对策略；多元协调即不同权力主体之间的协作，包括中央、地方政府、社区机构、社会工作者等主体。不同的权力主体跳出各自固有的权责边界，通过非暴力手段达成有效的共识，共同遵守一定的规则，形成彼此之间合作与配合的联系，并使这种治理秩序能够保持一种动态平衡机制。

（三）建立婴幼儿生态发展社区服务执行体系

婴幼儿生态发展社区服务执行体系的关键是在服务对象的甄别上要最大限度地全覆盖到社区家庭，而不只局限于接受社区早期教育的婴幼儿。建立婴幼儿生态发展社区服务执行体系的重点是明确服务领域的范围，主要方面包括婴幼儿的保育与教育、健康、职业教育、文化、家庭教育、看护、心理和安全等，同时在提高早教服务的易获得性方面，需要加强对家庭和社区成员需要的敏感回应、延长对婴幼儿的服务时间，增设假期看护、临时看护、和全面开放时间看护等多种服务模式，根据社区婴幼儿及家庭的多样化需要不断调节服务的内容与服务的方式，并敏感回应不断变化的个性化的需求，坚持动态的而不是固定不变的社区婴幼儿生态发展服务有机整合，立足于社区共育的大教育观思想，全面提升社区婴幼儿及家庭的归属感和幸福感[25]。与此同时，在应对婴幼儿及家庭生态发展服务社区资源获得性相对困难这一问题过程中，社区应发挥自身特殊作用与优势，以社区为本，加强社会支持网络建设的干预措施，改善儿童及家庭的未来生活[26]。为此，需要对行政主导的社区服务供给模式进行反思和创新发展，探索新型的社区婴幼儿生态发展支持体系构建策略，其中，人群目标、效能目标和相应资源配置方式重建相辅相成，客观认识多重制约因素，目前大部分社区婴幼儿生态发展服务执行体系构建的实践能力严重不足，亟待进行相应的能力塑造。

（四）建立婴幼儿生态发展社区服务评估管理体系

婴幼儿生态发展社区服务评估管理体系的构建为运用互联网、大数据将社区事项网格化，对社区婴幼儿生态发展服务提供的效果进行科学评估。

评估管理体系构建须立足于社区婴幼儿生态发展系统行业化建设基础上，通过社区政策支持、社区行政管理体制改革、社区相应法律法规出台和早教行业标准制定以及专家支持库建设等方面的统筹协调；需立足于社区早期教育的需求与现状，从保障支持、文化支持、师资支持、看护人及家庭支持和婴幼儿个体发展支持等社区支持体系构建的核心要素出发，建立社区婴幼儿生态发展服务评估管理体系，有效促进 0~6 岁婴幼儿生态发展社区支持体系构建在获得稳定资金的基础上科学运作；有效促进社区婴幼儿生态发展服务全方位通过社区文化资源去滋养社区 0~6 岁婴幼儿及其家庭；有效促进社区师资支持是体系构建，为社区提供婴幼儿生态发展的专业保障与技术支撑；有效促进看护人及家庭支持通过创建父育工作室、隔代看护人工作室，成立家长志愿队、家长学习小组和科学育儿工作室，开展社区入户指导和特殊需要婴幼儿服务工作室开展，实现爱心帮扶，助人自助；婴幼儿个体发展支持分别从婴幼儿生理发展支持、心理发展支持、社区融合发展支持；有效促进特殊婴幼儿发展支持，真正从婴幼儿的视角出发来关注婴幼儿的全面发展。

（五）搭建"互联网+"社区互助网络平台，创建社区命运共同体

0~6 岁婴幼儿生态发展社区支持体系构建模型的立足点就在于创建社区命运共同体，搭建社区支持体系构建的互助网络平台，其出发点和落脚点就是社区家庭。家庭是社会的细胞，更是社区的重要组成部分。因此，搭建社区支持体系的互助网络平台从两个方面入手：一方面是针对绝大部分的正常婴幼儿及家庭，社区支持体系的互助网络平台发挥着重要的双向功能。随着社区建设的快速发展，社区家庭正在增强自身的自我管理能力，他们在社区管理中的作用也日益明显，但在家庭建设、科学育儿、婚姻管理、投资理财与职业规划等方面，社区所有家庭都需要所在社区提供多样化的互助网络平台，与此同时，家庭又通过各种渠道向有关部门提出自己对社区建设的要求和建议，反过来帮助和影响社区的发展；另一方面，针对社区里部分有特殊需要的婴幼儿及家庭，社区支持体系的互助网络平台发挥着及时干预的同时治愈整个社区的温暖功能。社区通过互助网络平台的数据化管理，可以及时有效地为社区特殊需要婴幼儿及家庭提供有针对性的救助服务，同时可以呼吁社区全体成员积极参与进来，共同实施社区内或者社区之间的相互帮扶活动，借助社区互助网络平台，建立多领域的专家支持系统，明确社区各管理机构的责任分工与合作方式，全面激发社区困境婴幼儿及家庭的内在潜能，创建社区命运共同体[27]。社区可将互联网信息技术有效嵌入儿童福利治理管理中，依托统一的城市管理和数字化平台，将社区内婴幼儿及其家庭的人口信息和与之相关联的社区服务信息建成动态数据库，实现社区联动、资源共享的婴幼儿生态发展社区服务治理新模式，通过智能化社区资源整合、智能化主动回应等形式，方便社区婴幼儿及其家庭借助网络、微博和微信等新媒体形式，表达社区早期教育服务的需求信息、完成申请程序以及发表服务效果的评价，社区组织予以应时主动回应。

其实，这种立足于社区家庭构建的社区互助网络平台构建，是为提供了社区婴幼儿及家庭自发参与、自由选择、自主学习创造的丰富教育资源与机会选

择。通过这种家门口的互助交往，形成纵横交错的社区网络关系结构，并在网络中形成"协同增效"的放大作用，从而建立起多领域的专家支持库，形成社区共建共享的资源网络，从以人为本的角度创新了社区0~6岁婴幼儿生态发展教养服务机制，一定程度上使社区早期教育服务更能引起普通居民和有特殊需要的居民在情感、心理等方面的共鸣，积极参与并热心维护。这不仅是构建和谐社会对社区管理创新的外在要求，也是0~6岁婴幼儿生态发展社区支持体系构建的内在保证。

概况而言，0~6岁婴幼儿生态发展社区支持体系的构建要有以文化信仰与价值观为核心的宏观系统，将社区婴幼儿及其家庭生活放到多层级、多系统的社区生态中去整体考量，婴幼儿的生态发展要站在生态系统的角度上，通过宏观系统、中观系统、微观系统和相互之间的联系，以教师能力的发展、家长育儿能力的提高和社区文化生态的改善为着力点，构建社区婴幼儿及家庭生活的社区环境支持体系，促进社区婴幼儿及家庭在社会生态方面的全面发展、个体间人际关系的全面发展和个体内部核心能力方面的全面发展，形成社区命运共同体，全面协作创新，实现0~6岁婴幼儿生态发展社区支持体系的全面构建。

第六章 研究展望

一、包容整合与跨界研究同步进行

在0~6岁婴幼儿生态发展过程中，虽然我国已经开始推行街道办事处与社区联动机制，但街道办事处与社区服务所突出的"大教育、全服务"的辐射重点还不能完全覆盖0~6岁婴幼儿，尤其是0~3岁婴幼儿。虽然街道办事处已将其纳入了社区"大教育"内容，但社区机构设置、服务人才队伍建设、服务内容的多元化与服务质量的提升尚待提高。同时，0~6岁婴幼儿生态发展需求的满足涉及多部门的协同筹划，如妇联、计生、民政、教育、消防等，从实际来看，多部门之间要建立畅通的管理网络与形成合力尚须完善管理机制。目前，0~6岁婴幼儿生态发展对服务提供者的专业性要求越来越高，相关高校专业人才供不应求，这导致针对0~6岁婴幼儿的专业师资引进、入职前后的培训和进修的人工成本大大增加，使0~6岁婴幼儿生态发展在社区的整体推进受限严重。

为协作共育，探索有效的为0~6岁婴幼儿生态发展提供专业服务的人才培养方案与整体推进全方位保障问题就非常重要，但构建社区支持体系是一个系统工程，需要各个方面达成价值共识，即对资源整合共享、平台共建共享的通识，包容整合与跨界研究应同步进行。

二、从婴幼儿视角出发的督导评估机制建设

调查访谈和本书研究显示，社区早教机构在人员配置、服务质量和课程设置等方面还存在着不规范等问题，有些机构更是借婴幼儿早期教养的概念进行商业炒作。从管理体制上来看，各有关部门没有明确的管理权限，从而形成了在社区0~6岁婴幼儿生态发展事实上缺乏业务指导的现象，0~6岁婴幼儿生态发展的社区支持体系构建需要致力于形成"政府主导、妇联牵头、部门（如计生、教育、街道、社区等）联动、共建共享、社会参与、家庭响应"的

联动机制，构建形式多样的社区婴幼儿生态发展服务网络，进一步加强政府对0~3岁婴幼儿社区早教机构的规范管理和评估机制建设。

0~6岁婴幼儿生态发展的社区支持体系构建须真正从婴幼儿的视角出发，加强督导评估机制建设，深刻理解社区婴幼儿生态发展的公共产品属性，在研究伦理方面，对贫困婴幼儿，特别是留守婴幼儿不能贴标签，要慎用认知能力迟缓、认知能力缺陷等词语。

三、探寻城乡一体化支持体系构建，打造国际婴幼儿友好型社区

探寻城乡0~6岁婴幼儿生态发展社区服务模式如何构建的对策要着重从"顶层设计、精神文化、制度保障、经费支撑、网络信息技术、人才队伍建设"等方面加以系统推进，以期营造城乡0~6岁婴幼儿生态发展社区服务模式的体系化、制度化、常态化建设，为满足城乡婴幼儿及家庭对社区早期教育的公共需求提供政策依据与决策参考。

婴幼儿友好型是指对婴幼儿友好，婴幼儿有权利享有健康的、被保护的、受到关心的、得到教育的、令人鼓舞的、没有歧视的、有文化的环境[28]。基于婴幼儿在社区环境中的生存现状来探讨社区项目打造，具体包括户外活动空间的设计、社区服务、社区保障与社区培训等，其目的在于不断健全社区功能，使社区不仅能满足不同年龄段的孩子安全、自由地奔跑和玩耍，在玩乐中创造和学习，同时也能使他们的身体和心理真正健康地成长。"婴幼儿友好型社区"将成为继家庭、幼儿园之后实现儿童社会教育的基地和载体，是培育儿童全面发展的摇篮。目前，我国高度重视和关注儿童的健康成长权益，大力支持"社区儿童之家"的建设和发展，在各城乡地区普遍建有"儿童之家"同时宣传儿童发展权益，相信不久的未来我国将构建"儿童友好型社区""儿童友好型城市"[29]。

当然，婴幼儿友好型社区项目打造要有国际视野，有"地球村"概念，积极借鉴国外社区治理先进经验，因地制宜，打造具有中国特色的婴幼儿国际友好社区项目，受益者不仅仅是婴幼儿，而是在整个社区范围内，从婴幼儿的角度出发，综合社区内其他群体的行为心理需求，对促进社区中更多人的活动产生，增强婴幼儿活动场所活力，进而展现出独具魅力的婴幼儿友好型社区环境。

婴幼儿是家庭的核心，社区是社会的基础。国际友好社区项目拟打造立足婴幼儿友好社区的科学研究、对社区婴幼儿及其家庭的调查，以及政府相关部门、社区组织的现场走访基础上，通过婴幼儿友好的社区空间和普惠服务来维护婴幼儿及其家庭的权利、在社区范围内，从资源配置到运用都充分彰显婴幼

儿及其家庭的权益，呈现出尊重婴幼儿、关爱婴幼儿、发展婴幼儿的良好态势，全方位激活社区的活力，从"政策、空间、服务"三维度构建全面实现婴幼儿权利的地方善政体系和社区教育服务体系，为更好地不断满足社区婴幼儿及其家庭的多元化需求指明方向，这具有诸多积极的社会意义。

参考文献

[1] 宋占美，刘小林，董艳艳. 2016 第二届早期教育高峰论坛学术观点综述 [J]. 陕西学前师范学院学报，2017（1）：123-125.

[2] 李佩. 全面放开二孩政策对学前教育的影响及措施 [J]. 兴义民族师范学院学报. 2015（4）：83-92.

[3] 杜海坤，傅安洲. 美国公民教育支持体系研究 [J]. 湖北社会科学，2015（2）：184-189.

[4] 陈红梅，金锦绣. 从局外走向局内：关于幼儿园成为社区 0~3 岁婴幼儿社区早期教育服务中心的思考 [J]. 学前教育研究. 2009（9）：29.

[5] 翟振武，张现苳，靳永爱. 立即全面放开二胎政策的人口学后果分析 [J]. 人口研究，2014（2）：3-17.

[6] 邹敏. 我国社区学前教育面临的挑战与对策 [J]. 学前教育研究，2005（7-8）：96.

[7] 卢勃. 学前教育学 [M]. 北京：清华大学出版社，2014：231-232.

[8] 奚从清. 社区研究：社区建设与社区发展 [M]. 北京：华夏出版社，1996：8.

[9] 郑杭生. 转型中的中国社会与中国社会的转型 [M]. 北京：首都师范大学出版社，1996.

[10] 丘海雄. 社会支持结构的转变：从一元到多元 [J]. 社会学研究，1998（4）：32-35.

[11] HAI D P, ROIG-DOBON S, SANCHEZ-GARCIA J L. Innovative governance from public policy unities [J]. Journal of Business Research, 2016 (4): 1524-1528.

[12] 夏建中. 治理理论的特点与社区治理研究 [J] 黑龙江社会科学，2010（2）：125-130.

[13] 邹泓. 发展心理学：儿童与青少年 [M]. 北京：中国轻工业出版

社, 2005.

[14] 邹泓. 关于布朗芬布伦纳发展心理学生态系统理论 [J]. 中国健康心理学, 2009: 17 (2): 250-252.

[15] 王红. 0~3 岁婴幼儿家庭教育与指导 [M]. 上海: 华东师范大学出版社, 2020: 195.

[16] 柏女盛峰. 子育支援保育者役割 [M]. 东京: 福碌员雨馆, 2003: 95.

[17] 森田明美. 幼稚园变了, 保育所变了 [M]. 东京: 明石害店, 2001: 85.

[18] 张媛媛. 美国和英国家、园和社区合作共育 [J]. 亚太教育, 2016 (4): 11-12.

[19] 王晓辉. 为了 21 世纪的教育: 问题与展望 [M]. 赵中建, 译. 北京: 教育科学出版社, 2002.

[20] 李艳. 0~6 岁社区早期教育共同体的实践研究: 基于幼儿园主体的运营模式 [D]. 西安: 陕西师范大学, 2013.

[21] 中共中央国务院. 中共中央国务院关于深化教育改革, 全面推进素质教育的决定 [R]. 北京: 中共中央国务院, 1999.

[22] 陈鹏, 刘阳. 构建 "三位一体" 生态学前教育模式的策略 [J]. 陕西学前师范学院学报, 2016 (32): 16.

[23] 孙艳艳. 0~3 岁儿童早期发展家庭政策与公共服务探索 [J]. 社会科学, 2015 (10): 65-72.

[24] 高峰, 卢立涛. 论推动我国社区教育内涵式发展的条件保障 [J]. 中国成人教育, 2015 (21): 8-10.

[25] 张晋. 社区早期家庭教育公共服务供给研究 [D]. 重庆: 西南大学, 2015.

[26] Fiona Mainstone. 精通社会工作中家庭整体评估: 平衡儿童、成人及家庭需求 [M]. 陈婉珍, 黄景莲, 译. 上海: 华东理工大学出版社, 2019: 12-13.

[27] 高彩红. 深圳市 D 区 0~3 岁婴幼儿社区早期教育公共服务发展策略研究 [D]. 武汉: 华中师范大学, 2015.

[28] 丁宇. 婴幼儿空间利益与规划基本价值研究 [J]. 规划学刊, 2009 (7): 177-181.

[29] 董艳, 李海梅, 吕杨. 儿童优先视角下灾害社会工作参与社区治理的实践探索: 以四川省 "儿童之家" 发展为例 [J]. 新生代, 2017 (5): 66.

附录

附录一　家庭社区早期教育资源管理的社会实践研究——成都市武侯区第五幼儿园社区早期教育实践与创新

刘春　曾亚男　焦栩婕

一、选题

（一）研究的背景

1. 家庭早期教育是儿童一生的发展基石，我国政府高度重视

家庭教育在我国古代就被重视。历代人们都编撰了家教书籍，如《大公家教》《颜氏家训》《训俭示康》等。幼儿的教育也有其特殊之处。我国《国务院关于基础教育改革与发展的决定》提出，2005 年国家幼教事业发展的目标和任务是"大力发展灵活多样的早期教育形式，积极探索以社区为依托，多种正规与非正规托幼机构及家庭教育服务设施相结合的区域性早期教育服务网络"[1]。幼儿教育与小学、中学教育不同，并非以知识传授与学习为主，而是通过丰富的活动促进幼儿智力、情感和意识的发展。因此，进行幼儿教育除了在校园内，还应扩展到校园外。

2. 家庭早期教育资源的社区实践面临诸多问题，迫切需要建立支持服务体系

叶圣陶曾经对教育人员说过一句名言："身教最为贵，行知不可分。"这句话意思是父母是子女的第一位老师，孩子们的许多品行与父母言传身教有着密切的相关。我国著名教育家陈鹤琴表示："幼儿教育是一件复杂的事，不是家庭一方面可以单独胜任的，也不是幼儿园一方面可以单独胜任的，必须两方

面共同合作，才能得到充分的功效。"在幼儿教育中，家庭早期教育是重要的环节，它才能使儿童的教育系统达到最佳效果。在幼儿园，老师教导孩子遵守交通规则，看红绿灯、过马路走斑马线。但在实际生活中，往往会有一些父母图一时方便，牵着孩子闯红灯。孩子拉住爸爸的手，说："老师教我们不能横穿马路！"爸爸回答说："没关系，现在没有车了！"幼儿园老师教育孩子千百次，都不如这位爸爸的"榜样力量"。孩子的模仿力非常强，幼儿没有社会上的经验，他们的许多为人处世都是在家庭中学得。所以父母是怎样的生活态度、待人接物，都会在幼儿的脑海中烙下深深印记，甚至伴其一生。

依据布朗芬布伦纳的"生态系统理论"，幼儿处在由家长、教师及其他亲密关系构成的微观系统之中，他们之间的联系对幼儿的发展有着复杂的生态学意义[2]。

3. 立足幼儿园创新管理，共建共享家庭早期教育资源的社区实践模式

在实践中，园所老师认识到如何有效地利用社会资源和家庭资源；如何向家长指导；如何进入社区，为社区服务，成了幼儿园急需解决的问题。

随着现代父母教育的多样化，家长们愿意参与到幼儿的教育工作中来，大多数父母也希望成为一名幼儿园志愿者，参与幼儿园教育工作。家长普遍认为，多信息、各行各业的参与可以对幼儿教育起到一定作用，也可以对幼儿起到积极作用。同时他们也愿意利用身边的资源整合幼儿园资源，为幼儿提供更加丰富的教育资源。因此，希望通过本研究把家庭早期教育资源和社区资源纳入幼儿园教育之中，这样的形式也将是未来城市幼儿园发展的主要形式。这样的形式打破了幼儿园的空间限制，利用家庭和社区的开放性，扩大了幼儿获得更多教育资源的可能性。

（二）选题国外研究现状

美国著名心理学家 Brum 曾对将近千名孩子从出生到成年追踪进行过研究，结果显示：5 岁以前是智力发育最快的时期。如果将 17 岁的智力看作是 100%，那么 4 岁以前的孩子已经有 50% 的智力，其余 30% 在 4 至 7 岁增加的，剩下的 20% 在 7 至 17 岁获得。因此，孩子从出生到 7 岁的这段时间，对家长来说，必须特别关注并把握孩子的成长，加强孩子 7 岁以前的家教是非常重要的[3]。

奥地利著名的心理学家、哲学家阿德勒认为，家庭环境对孩子今后的人格发展，早期经验的形成都是不容小觑的。在家庭里，长辈的角色表现、独生子女与父母的关系、家庭文化环境的营造等，都会潜移默化地影响儿童[4]。

国外对孩子家庭的教育十分重视，英国政治思想家洛克在他的作品《教育漫画》中，从德、智、体三个角度详细论述了绅士是从家庭当中走出来的教育思想；《爱弥儿》是法国启蒙思想家卢梭的著作，其中涉及父母的言行举

止对孩子的重要影响，相对于空洞的理论来讲，具体的言行更具有说服力等思想，还提出家庭成员之间关系和谐能够建立良好的家庭环境，对未成年人的成长是十分重要的。美国实用主义教育理论学家杜威提出"学校生活不是社会形态的缩影，而是社会生活的一部分，同时带有家庭生活的影子，在家庭生活中所熟悉的活动应当在学校中继续开展。"这些思想理论对研究家庭教育有重要的启迪作用[5]。

美国新泽西州成立儿童早期专家工作组，负责为新泽西州的幼儿教育计划制定标准。2004年7月，该州教育委员会通过了《早期儿童计划期望：质量标准》（Early Childhood Program Expectations：Standards of Quality）的修订版《学前教与学的期望：质量标准》（Preschool Teaching and Learning Expectations：Standards of Quality），在之前版本的基础上将学校和家庭伙伴关系改为家庭、学校和社区伙伴关系[6]。在日本，许多家长的座右铭是"留给子女最宝贵的财富不是金钱而是教育"。《幼儿园教育要领》中明确指出："幼儿的生活是以家庭为主渐渐扩大到社区社会的。因此，要注意幼儿园和家庭的联系。只有同家庭、社区的生活保持密切联系，才能更好地促进幼儿的成长。"[7]日本教育审议会发布一个《关于面向21世纪教育发展方向》的咨询报告，报告提出为了培养人适应社会激烈变化的生存能力，学校、家庭、社会必须密切联系与合作，相互补充，形成一体，而幼儿早期教育能为养成这种生存能力打下坚实的基础[8]。

总的说来，国外家长资源利用有以下几个特点：一是制度上保障了家长的参与，使其加入幼儿教育；二是父母不是旁观者，而是参与者；三是家庭早期教育不仅仅局限于家里，也深入到幼儿园里，两者密切合作。

不可否认，国外整合家庭可利用性资源促进早期教育的研究为我们提供了很多有益的借鉴，但由于政治、经济、文化之间的差异，我们没有办法照搬国外的经验和研究成果。

（三）选题国内研究现状

赵忠心在《家庭教育学》中指出："按照传统的说法，家庭教育是指在家庭生活中，由家长即由家庭里的长者（其中主要是父母）对其子女及其他年幼者实施的教育和影响，这是狭义的家庭教育。广义的家庭教育，应该是家庭成员之间相互实施的一种教育。在家庭里，不论是父母对子女，子女对父母，还是长者对幼者，幼者对长者，一切有目的、有意识施加的影响，都是家庭教育。"[9]

邓佐君在《家庭教育学》中指出："一般认为，家庭教育是在家庭生活中发生的，以亲子关系为中心，以培养社会需要的人为目标的教育活动，是在人的社会化过程中，家庭（主要指父母）对个体（一般指儿童未成年人）产生的影响作用。"[10]

台湾地区的黄乃毓在《家庭教育》中说道："家庭教育强调在家庭里，家人彼此的互动关系，也就是说父母和子女是互相教育的，家庭里发生的许多事情都直接或间接的让我们学到一些东西，我们也在日常家庭生活里接受最基础的教育。"[11]

1996—2006 年，在《学前教育研究》《幼儿教育》和《学前教育》上发表的关于幼儿园利用家庭和社区资源的信息这类研究的文章总共有 5 篇。其中，上海大学附属幼儿园对家庭和社区资源的利用进行了研究，发现：第一，家庭和社区可以为幼儿园提供丰富的物质支持。第二，不同行业的父母提供了宝贵的经验和智慧，帮助教师进行教学工作，并与老师共同探讨一种适合幼儿特质的学习方法；社区内各行各业的不同角色，以及不同年龄段的人士，也丰富了幼儿园课程的潜在资源。

大家都喜欢说，孩子人生中第一任老师是父母。瑞吉欧的研究在在校家长教育资源的研究开发与资源使用管理上做得极其充分，为推进我国幼儿园在校家长教育资源的研究开发和资源使用提供了极大的技术借鉴与应用指导意义。它在开发家长资源和利用方面做到：①使家长知道幼儿园的日常活动形式；②促进家长的教养能力的提高；③充分发挥父母潜能活动的形式。

《中共中央国务院关于深化教育改革，全面推进素质教育的决定》中指出："家庭、学校、社会要互相沟通，积极配合，共同开创素质教育的新局面。"[12]在国内，家园共育的观念已经被许多家长所接受。三岁以前的早教课，几乎要孩子家长都全程参与。上海公办早教机构在亲子早教中对家长的教育实践上已有很大进步。在幼儿园里，家园共育栏、家长开放日、家长参与教学等活动也在大规模地开展。

但是也应该看到，目前国内的研究更多的是家园共育问题，对于利于家长资源的研究更多也是倾向于对其重要性的研究，在方法上也比较倾向传统方法。但是对于分层研究家长资源并将之作用于幼儿园、社区实践的研究，目前非常少，有待于做全面深入的研究。

（四）选题国内外研究述评

1. 家庭早期教育资源价值

国外学者 Epstein（2000）通过研究得出了结论：家长参与教育越多，孩子取得的成就越大[13]。Berger（2004）也指出，家庭力量的参与在一定程度上为幼儿教育机构提供了人力资源方面的支持，使儿童获得更全面的支持和关注，也提升了教师和管理者的知识技能[14]。国外的相关研究也在大量调查的基础上证明，如果家长参与了孩子的教育，各方面都会受益，不仅对学校的教育质量有重要影响，而且还能激发教师工作的热情，促进有效教学的发展。

在幼儿教育中，起着关键作用的是家长资源。通过调查，李生兰教授（2003）发现，幼儿的发展水平与幼儿家长参与、援助、配合幼儿教育的程度成正相关[15]，即家长在幼儿的教育中参与程度越大，幼儿的发育水平就越高。同时，作为一种重要的课程资源的父母，也可以提供更多渠道的支持。在知识信息方面，由于目前家长受教育程度高，某些方面还可能大大超越教师熟悉的领域。

2. 家庭早期教育资源的内容与途径

西方国家对父母的参与也十分重视，并将家长在早期儿童教育领域的积极参与当作学校教育的一个重要组成部分。从瑞吉欧教育的实践经验来看，通过整合多方面的资源来实现儿童的利益最大化，是其成功的关键。在瑞吉欧，家长与教师之间的关系和谐而融洽，家长愿意倾尽自己的力量为孩子的学习提供支持和帮助。与此同时，幼儿园也通过开展多种活动丰富家长参与方式，如家长志愿者活动、亲子活动、亲师会谈、记录看板、团体研讨会、儿童市议会、家庭互访等，使家长参与其中[16]。

虞永平（2005）指出家长可以通过多种途径参与到幼儿园课程中来，如为教师提供幼儿的信息，督促幼儿在园的活动，为幼儿园课程的开展提供材料，参与到幼儿园的活动中去，为幼儿提供相关经验，成为幼儿园课程的审议者和评价者，等等[17]。李生兰（2003）认为家庭中的德育资源是十分丰富的，只要精心设计、恰当运用，就能潜在地促进幼儿品德的发展。具体来说，可以利用家长的职业、生日等对儿童进行关爱长辈的教育；利用家庭结构生活方式对儿童进行社会交往的教育；通过家庭生活、亲子互动，对儿童进行热爱劳动的教育[18]。

3. 存在问题与归因

积极发展和利用家庭资源，对儿童教育起到积极作用，但利用不当又会产生负面的影响。在幼儿园教育实践中，家庭资源的发展和利用仍有待解决。一方面，家长资源开发易于走向两个极端，即家长资源的缺乏或过度开发；另一方面，家长资源的开发无序，缺乏一定的组织和制度保障，进而导致家庭资源开发和利用后劲不足[19]。刘国丽（2011）从幼儿园利用家庭资源优化物质环境的角度探讨了幼儿园利用家庭资源的不足之处，指出幼儿园在创设物质范围时对家庭资源的挖掘不够深入，导致利用家庭资源的形式较为单一和重复，幼儿园方面，教师利用家庭资源缺乏详细指导，未能充分发挥家庭资源的作用和效果[20]。刘爱云（2007）通过调查发现，幼儿园对家庭资源的利用存在以下明显不足，首先，幼儿园教师未深刻认识到家庭资源的重要性及其功能价值所在；其次，家庭与幼儿园之间缺乏有效的沟通和交流，导致彼此之间的合作较为表面和形式化；再次，幼儿园对家庭资源的利用无论是在内容上还是形式上都比较单一；最后，幼儿园与家庭有效合作的实践经验不足[21]。

通过国内外目前关于利用家庭资源的研究，不难发现国内外教育界已经认识到家庭资源对幼儿发展的重要性，也提出了一些策略和手段。但针对目前国内对家庭资源利用存在的不足，在这个领域还没有形成一套行之有效的、便于实际操作的整合家庭可利用资源的模式来促进早期教育发展的方法。另外目前学界关注更多的还是幼儿园如何整合家庭资源和社区资源等多方资源，对在社区这个大环境下，开展幼儿园和家庭教育服务的研究几乎为零。

（五）选题的意义

人类的未来就是儿童，人类的发展起点也是儿童，而最终目标也就是为了让儿童能够健康成长，并在儿童成年后迅速发展为这个国家的栋梁。我国著名幼儿心理学教育专家郝滨老师曾经这样说过："幼儿教育仅仅是整个家庭人生心理教育的一个起点，它的人生教育最终目标应该说就是为了保证每个孩子身心健康地成长发展，为进一步好好教育幼儿奠定坚实的基础。"在大家熟知的"狼孩"案例中，儿童从小就和狼群生活在一起，以至于他的动作和生活习性与狼一模一样。而社会化的最佳时期是幼年和童年，如果过了最佳的时期，即使后来返回人类身边，并接受了系统的教育和培训，人类习性的恢复的困难仍然很大。因此，在儿童的一生，早期教育是非常重要的。而他们居住的周围环境，即社区，则是影响学龄前儿童的发展的一个重要因素。不管是在社区内的价值、行为规范，还是在他们的习俗、生活方式、地方语言，甚至是社区活动中，都会影响到每个家庭教养的方式以及儿童的成长。而幼儿园作为组织者、服务者、引领者，把家庭教育资源放在社区中去实践，具有多方面的意义：

1. 实践意义

（1）研究视角新颖

本研究以园内家长资源入手，进行调查、分析、整合，做到最大限度进行利用。一方面促进幼儿园与家庭的协同共育，更重要的是以社区中最小单位家庭为抓手，通过社区在制度规范、物质保证、精神支持等方面的配合下，在社区大环境中开展实践活动，从而促进社区早期教育研究。

（2）研究方向前瞻

目前国内对早期家庭教育资源管理的社区实践的研究相对较少，更多关注的是利用家庭和社区资源的重要意义。而本研究突破这个领域，提出了整合家庭可利用资源来反作用于社区早期教育。

（3）研究结果可用

目前国内对家庭资源的利用更多停留在理论阶段，有的利用方法也较笼统和普遍，没有分类分层对家长资源进行合理开发。本研究形成初步模式进行推广，更有利于其他幼儿园的借鉴和操作。

2. 理论意义

（1）丰富了以幼儿园为载体，对早期家庭教育资源管理的社区实践的研究。

（2）探索出以幼儿园为主，在早期家庭教育资源管理的社区实践的研究，能为其他幼儿园提供实际的参考和借鉴。

（3）为教育社区的其他家庭父母孩子树立一套科学的家庭育儿培养理念，提供一套可独立操作的、有效性的科学育儿管理方式，提高教育社区其他父母的科学性和育儿管理水平。

2. 研究的对象、内容和总体框架

（1）研究对象

幼儿园不同家长群体背后可挖掘的能够促进家庭早期教育资源管理的社区实践可利用性资源。

（2）研究内容

①家庭早期教育资源的分类

本研究通过问卷调查分析家庭可利用性资源，将家庭资源分类为：家庭成员、家人时间、父母职业、家人兴趣爱好、家庭生活环境、社区环境等。

②构建家庭早期教育资源的社区实践模式框架

本研究拟解决家庭早期教育资源管理的社区实践研究问题，围绕着家庭早期教育研究过程中"哪些是家庭早期资源—国内外现状怎么样—怎样把家庭早期资源放到社区中实践"的框架来展开讨论。为了便于分析，将其分解为以下三个研究问题：第一，家庭早期教育资源管理的社区实践国内外现状是怎么样的；第二，通过哪些方式来实现树立现代教育观念；第三，怎样整合优化教育资源放在社区实践中。

③家庭早期教育资源的社区实践瓶颈与管理策略

与上海市政府以财政支持的方式来推进0~3岁婴幼儿早期教育相比，全国很多城市的财政根本无力顾及0~3岁婴幼儿早期教育。0~3岁早期家庭教育不到位，家庭教育观念陈旧，家庭看护人员学历偏低，缺乏专门的教养知识和技能，影响了婴幼儿的健康成长。私营早教机构普遍存在高收费、低质量等问题，以牟取利润为目的私营早教机构也很难成为0~3岁婴幼儿早期教育的主体。单纯的社区早期教育没有教育实体的存在、缺少资金支持、缺乏专业的教育人员，其发展更是举步维艰[22]。社区实践为家庭所有的可利用资源最大限度地使用提供有力保障。

④家庭早期教育资源的社区实践成效

利用社区各项制度，从物质、精神层面支持园所，将家庭资源扩大到园外，促进整个社区的早期教育发展。如成都市武侯区第五幼儿园同社区合作，消防员官兵深入幼儿园为孩子们讲解丰富的消防知识；社区图书馆面向幼儿园开放，供孩子们阅览。

⑤研究展望

探索总结出整合家庭可利用性资源促进早期教育社区实践研究的模式；通过各种活动，将家庭可利用性资源运用到活动中，促进早期教育发展；研究成果修订及汇总，形成一套可以运用的模式；创建有特色的市级二级园。

（3）总体框架

本研究主要研究家庭早期教育资源管理在社区中的实践问题，所以，首先要厘清的就是家庭可利用资源到底有哪些。笔者通过调查问卷等方式梳理出了十种类型的家庭可利用性资源。把这些资源放在社区中去实践，又要遵循三个层面，分别是制度、物质和精神。

（六）重点、难点

1. 重点

（1）多渠道、多措施建立起稳固的家园共育关系；

（2）了解各种家庭背后的资源，认清每一种资源都有其深刻教育含义，并能促进幼儿教育；

（3）幼儿园能够及时有效地利用社区资源促进园内幼儿健康发展；

（4）利用家庭资源反作用于社区，促进社区教育发展。

2. 难点

（1）幼儿园与家庭联系的途径相对比较单一，更多的是集体活动的组织形式，而个别化沟通相对较弱；

（2）家庭和幼儿园普遍缺少主动求教的意识，"单兵作战"思想使幼儿园与家庭经常在教育活动中南辕北辙，相互矛盾，从而极大抵消了积极的教育作用；

（3）幼儿教师普遍年轻。目前幼儿园教师教学经验相对较少，只能按部就班教学，不能合理整合运用家庭资源。

（七）主要目标

幼儿园通过前期的各项调查分析，在社区的支持下，将家长群体进行分类，通过幼儿园组织开展的各项活动，探索出能够最大限度利用家长资源促进早期教育的方法。

三、思路方法

（一）研究思路

本研究须明确研究目的和意义；通过文献综述来进行理论支撑，将这些理论运用到园所工作中；对幼儿园幼儿、家长、教师进行分析研究，并把研究成果运用到实际活动中；在活动中得到成果进行后期的反思和梳理，就可以形成我园的各项成果，丰厚的成果使园所有更长远的展望。本研究基本思路如附图1-1所示。

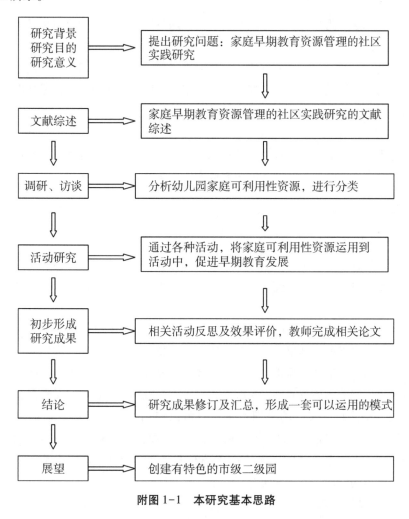

附图1-1　本研究基本思路

（二）研究方法

1. 文献法

在查阅大量文献资料的基础上分析、归纳，了解与本相关的研究，为后面的实践探索提供理论依据。

2. 观察法

本研究通过观察各种父母在活动中的反应，幼儿获得和后续效果的记录，进行研究。观察后及时整理视频、图片、录音等声像材料，并将其编码和汇集为书面材料，为研究的部分案例提供详尽地支持。

3. 调查法

调查方法分为两种：问卷法和访谈法。问卷法：本研究以前期父母情况为基础，设计出了家长问卷表，同时为园级的大型活动制作相应调查表。访谈法：通过与对象口头交流的方法，收集一手资料。本研究是基于问卷调查，其基础是问卷。根据研究的需要编制了访谈提纲。以正式访谈为主，辅之以非正式访谈。

4. 经验总结法

对不同类型的家长资源进行分析和总结，总结出幼儿园推进社区实践中家庭早期教育资源管理的社区实践研究的方法和策略，形成模式。

四、概念界定

（一）早期教育

早期教育广义上是指小学教育阶段前的教育，狭义上主要是指上文提到的早期学习阶段，而在本研究中是指 0~6 岁婴幼儿的学校教育、家庭教育、社会教育。

（二）早期家庭教育资源的管理

一些国家提前启动早期儿童教育工作和儿童教育工作的探索和实验，但另一些人认为，早期教育重于发展智力，还有一些人认为，早期教育要向前推广到母亲出生之前的胎教时期。家庭教育对早期教育的影响很大。父母是儿童的第一位老师，而在家庭的早期教育中，可以使用各种教育资源来促进孩子"身体、智力和心理能力的三维均衡发育"，从而促进儿童的"身体能力、智慧和心理能力的平衡发育"，如父母的言传身教等。而在本研究中是指将这些有形和无形的资源进行管理统筹。

（三）社区实践

广义上的社区实践是指人类对世界的认识和改造，是人类对世界的认识。

也就是说，全人类或者大多数人所从事的各种活动，包括了解世界，利用世界，享受和改变世界，等等。狭义上社区实践是指假期或在校外进行的实习。对于大学生来说，参与社区实践的好处有：对本专业有所了解，确认自己适合这个职业，为参加工作做好准备，增强就业竞争的优势等多个方面。本研究中的社区实践是指幼儿园所在的行政区域范围下，由社区提供精神层面、物质层面和制度层面的支持，与幼儿园一起开展各项活动，从而促进社区内早期教育的发展。

六、研究设计

（一）研究设计与流程

在许多环节，高效的流程是不可缺少的强有力推动因素。为了达到研究目的，通过明确的计划、调查、行动、反思等一系列活动组织来达成研究目的，具体如附图1-2所示。

（二）研究分阶段实施目标

第一阶段：准备阶段。目标是了解相关研究现状，了解当前实际情况，对幼儿园家长进行调查分析。

第二阶段：实施阶段。目标是开展不同形式的活动，根据不同群体的家庭资源进行合理利用，并在社区大环境下，促进早期教育的发展。

第三阶段：总结整理阶段。目标是对各种活动进行效果分析，并且能够总结出推进家庭早期教育资源管理的社区实践研究的方法和策略，提炼出相应的模式。

（三）研究的创新之处

1. 选题的创新

关于儿童教育或是社区、家庭的论文、节目等不计其数，如《0~3岁婴幼儿家庭教养需求分析及社区指导方案建构》《论学龄前儿童教育中的家社合作》等，但目前对家庭早期教育资源管理的社区实践研究相对较少。在此背景下，本研究一定程度上弥补了空白，具有一定的创新性和实用性。

2. 研究内容的创新

本研究是在大量的文献资料基础上，通过学习理论知识、研究与实践，构建起自己的理论体系，确定研究方向。通过对调研对象进行座谈、走访、问卷、数据统计等，汇聚调研结果，形成了调研报告。在社区的支持下，将家长群体进行分类，通过幼儿园组织开展的各项活动，探索出能够最大程度利用家长资源促进早期教育的方法。

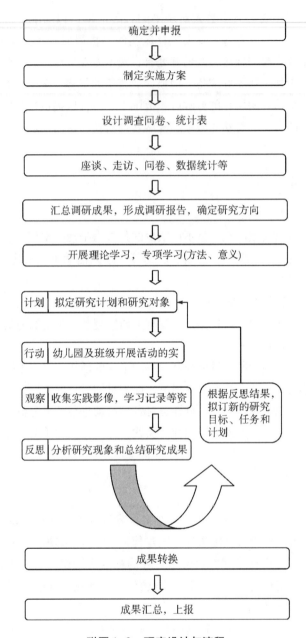

附图 1-2　研究设计与流程

七、实践与创新

（一）家庭早期教育资源的现状

本研究调研园所位于成都市武侯区簇锦社区。幼儿园根据走访、电访和网络途径了解到，目前本区域内有托儿所20余所、私营早教中心（亲子园）40余所、家庭早教服务机构（白天上门育婴）10余所、幼儿园20余所、社区或妇幼保健院组织的早教服务中心约5所。

以上家庭早期教育资源的现状显示，本区内家庭在早期教育中有较多的渠道，特别是私营早期教育中心近年来遍布全国。但目前的情况也让媒体和教育界表现出不同程度的忧虑：第一，高昂收费无法换取较高质量的教育。早教中心教师大多是聘任制，人员往来很快，频繁换教师不能深入理解孩子，更无法对家庭提供有针对性的指导。第二，教师级别参差不齐，多为速成老师，教师的职业素养与专业知识有差距。第三，课程的设置不是专门为了"教育"而设立的，只是为了"教"。而社区早教因为没有教育机构的存在，也没有特别的分局机构，没有强大的监管机制，处于困境中，几乎是流于形态。而以幼儿园为主体的社区早期教育，则可以将各方的资源整合起来，降低早期教育的成本，提高早期教育的质量，使更多的家庭和儿童享受到较高质量的早期教育。

（二）幼儿园在家庭早期教育资源管理中的作用

在国家政策指导的第二阶段学前教育行动规划中，我国目前基本形成了配有幼儿园的小区格局。就办园的形式来看，小区幼儿园是主流的公办幼儿园。2001年颁布的《幼儿园教育指导纲要（试行）》明确规定，"幼儿园应与家庭、社区密切合作"。因此，深入社区为早期教育发展做好准备，为早期教育发展奠定了基础。建立教育合作的桥梁，是促进儿童健康发育的一种途径。达到以家庭和幼儿园的教育理念为目标，使孩子能够更好地发展，实现0~3岁和3~6岁之间的教育连续性。幼儿园是早期服务社区和家庭服务的教育中心，可以避免对基础设施的浪费，节省资金，又可利用儿童教师的专业优势，提供较好的早期教育，使早期教育得以惠及千万个家庭和幼儿。

（三）家庭早期教育资源管理的社区实践模式构建

1. 社区实践模式框架构建

根据实际情况和需要设置机构，理顺与社区的关系，为早期教育的运行提供共育保障。

2. 家庭早期教育资源管理的社区实践

幼儿园作为教育场所，集合了社区、家长的多方资源。在家庭早期教育资源管理的社区实践中，幼儿园通过多渠道、多层面的管理方向，将教育资源集合、统整，再通过各种"请进来，走出去"的实践活动将教育资源扩散到家庭、个人。

（1）搭建共育桥梁，"送教上门"惠大家

想要了解儿童，除了对他们行为、语言等方面的观察以外，更加不能忽视的是对儿童成长的家庭环境进行了解。为此，幼儿园在每年新生入园前都会开展教师"送教上门"的入户家访活动。进入家庭后的教师通过座谈的形式，向家长了解儿童的成长环境和生活习惯，指导家长填写《儿童入园信息采集表》（见附图1-3）。教师通过与儿童的互动，观察他们的行为习惯以及目前各方面的发展水平。在家访的最后，给予家长教育意见，解答家长的教育困惑（见附图1-4）。活动后期，教师将座谈资料汇总分析，对儿童发展现状进行评估，成为他们入园后的教育指导方向。同时，完善家庭早期教育资源管理的档案。

附图1-3　儿童入园信息采集　　　　附图1-4　家庭访谈记录

（2）携手护成长，公益教育进社区

幼儿园在家庭早期教育资源管理的实践中，利用家长职业优势，与社区合作，多次进行公益教育活动。特别是针对敏感问题、家长和社区关心的热点问题，都参与到活动中，与社区携手开展了以"交通总动员之混乱消失"为主题的社区公益教育活动。同时，也派出老师到社区进行早期教育的公益讲座，为社区家长早期教育问题答疑解惑。园所、家庭、社区三合一，让更多的儿童和家庭享受到了早期教育资源的福利。

（3）与时俱进，与多孩家庭同心同行

中国实施全面二孩政策后，越来越多的家庭有了两个孩子。未来如何平衡两个的生活和教育问题，成了这部分家长和准多孩家庭家长最头疼的问题。多孩家庭的教育问题也是幼儿园在实施家庭早期教育资源管理研究中的一部分。为了帮助家长能够科学、正确、轻松面对孩子的教育，我园启动了"家里多个娃儿"的家庭指导活动，成立了多孩家庭教育指导小组，由班长老师作为主要成员参加。幼儿园拍摄的微电影《最幸福的时刻》，就是根据多胎家庭指导小组成员亲身经历的故事改编而成（见附图1-5、附图1-6）。下面是教师在指导过程中梳理的教育案例：

米粒小朋友有段时间特别敏感，以前大大咧咧不哭不闹的她经常伤心哭泣。我不知道孩子发生了什么，于是通过跟她聊天，又跟她妈妈打电话了解情况。原来是她的妈妈要生弟弟了，她害怕失去妈妈的爱。所以，每天来幼儿园就哭得特别伤心。于是班级教师开会商量，在很长一段时间里给予了她更多的鼓励和抱抱。米粒的情绪得到了一些好转，班上老师轮流陪着米粒，还发动她喜欢的小朋友来帮忙，帮助米粒克服了心理上的难关。在家里，她的妈妈请米粒给弟弟取名字，后来再提到弟弟时她也是非常自豪。终于在大家的努力下，米粒不再哭了。

幼儿园将这段感人的师生情拍成了校园微电影，荣获了省级、国家级影视评选活动"一等奖"（见附图1-5、附图1-6）。

附图1-5　以"关注儿童成长，家庭同心同行"为主题的
校园微电影《最幸福的时刻》荣获中央电教馆组织的
国家级微电影拍摄"一等奖"

附图1-6　以"关注儿童成长，家庭同心同行"为主题的
校园微电影《最幸福的时刻》荣获四川省
第十届中小学校园影视评选活动一等奖

（4）参与编撰，家长学校推广辐射

幼儿园在实施家庭教育过程中积累了一定的经验，被选为参与学校，加入《成都市武侯区家长学校课程与活动指南》（见附图1-7）编撰工作中。幼儿园结合实际工作的案例，撰写了幼儿园阶段"调适家庭环境活动"版块的内容。武侯区范围内的家长学校的老师能够以该书作为主要的教学文案，辅以必要教学资源就能够较为熟练地进行课程教学与活动指导，从而提升家长家庭教育和家校合作共育水平。通过此书的推广应用，引导社区家长感知和认识青少年身心发展的规律，帮助家长正确认识成人、成才理念，面向未来树立家庭教育建设的策略，帮助家长获得家庭教育的开放理念，掌握抚养和教育学生的基本知识与实践技能，形成对孩子成就的合理预期，建立良性友好的家庭关系。

附图 1-7　四川民族出版社出版的
《成都市武侯区家长学校课程与活动指南》

（5）专业引领，"家长课堂"现身说教

幼儿园在实施家庭早期教育资源管理的社区实践中，不仅有"走出去"的家庭早期教育活动，还有"请进来"的家庭早期教育活动。"家长课堂"就是在园所办园理念、特色活动的引领下，以家庭普遍关心的教育问题为出发点，幼儿园组织的家庭早期教育活动。教学行政从儿童发展的角度帮助家长梳理目前儿童的发展特点及现状，并且帮助家长解决家庭教育中出现的共性问题。会后幼儿园教师、行政、家长志愿者组成咨询小组，为家长提供教育咨询，搭建园所和家庭之间的教育资源平台。

【案例】

活动主题：如何进行家庭亲子绘本阅读。

主持人：保教主任焦栩婕。

活动地点：社区多功能室。

活动目的：引导父母认识家庭亲子阅读的重要性，在家庭内更好地开展亲子绘本阅读。

3. 家庭早期教育资源管理的社区实践的成效

（1）搭建了幼儿园管理的多个共育平台

①家庭内部自助成长早期教育资源管理平台

通过家访 210 户家庭、电访 223 户家庭和收集调查问卷 223 份的方式，园所收集了家庭成员的基本信息，包括职业、学历、收入、成长背景和教育观等，分析出了调研园家长群体主要分布为：高知家庭占比 50.6%、专业人士家庭占比 30.1%、教师家庭 5.4%、商务人士家庭 70.3%、老年人家庭 40.5%、资源丰富家庭 33.6%和家委会家庭 12.6%。

通过对 223 户在幼儿园里的幼儿家庭信息进行调查，园区对各种家庭教育基础以及早期教育的要求有了充分的认识。因此，建起了家庭信息管理平台：微信群和微信公众号。这些信息管理平台的成立，是家庭信息管理平台上的初步探索。幼儿发展与养育人的教育程度有很大的关系。父母是孩子第一位教师，其教育方式对儿童的成长起着关键作用。在最初的教育资源平台上，致力于提高家长和看护者的科学育儿态度、方法、理论和技能，让家长在幼儿园教育资源平台上，通过幼教专家对幼儿教育理论和实践进行剖析说明，了解和掌握育儿知识；让家长从教师的语言、动作中学习和领悟幼儿的育儿技巧。幼儿园更多是出于指导和宣传的目的去建立这些资源平台，这是为了让家长更好地了解幼儿园的发展以及让家长知道可以从哪些发面支持幼儿园的工作。通过这些平台，让幼儿园的幼儿家庭在教育观念、教育价值取向上能更快得和幼儿园进行融合，并趋向于一致，以此实现早期教育资源管理能协助幼儿园更好的展开在园工作。

②家庭之间互助成长早期教育资源管理平台

每个儿童都不一样，他们在幼儿园是可以相互学习的。但由于儿童还小，对许多方面的认识还不够深，相互之间如果能学习对方的长处，那对幼儿的成长会有很大的好处。但是因为每个家庭有不同的想法，就需要一个机会或平台让各个家庭交流自己的育儿观念。因此为了让家庭之间能够相互了解，园所为家庭之间搭建了早期教育资源的共育平台。这种家庭之间的互助早期教育资源管理平台深受家庭的欢迎。

家庭互助的早期教育资源管理平台之一是班级交流群。这个平台由班主任负责管理。其核心要义在于适应不断变化的需要，让家长能在这个平台中相互交流自己在家庭中的困惑或能相互帮助解决相同的家庭教育问题。在这个平台中家庭以儿童的发展为主要目标。老师作为这个平台的管理者，目的在于梳理家长在家庭教育方面的问题，凝聚家长的力量，能够建立一个共同的目标，让家长作为中坚力量去完成。

这样不仅充分地调动家庭的积极性，而且建立了共同的目标，让更多家长通过幼儿园提供的平台找到同路人。幼儿园各种微信群的早期家庭交流小组的建立如附图 1-8 所示。

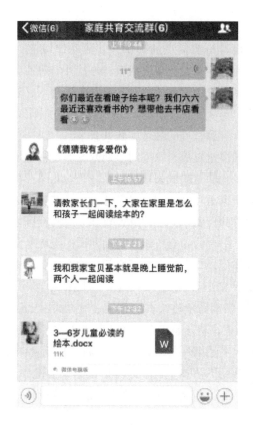

附图 1-8　家庭交流微信群

早期的教育资源管理平台，不仅使家长能够通过互联网交流思想，传播他们的观念，也能使家长表现自己。同时，该平台还为家长线下互动沟通的机会。

通过这个资源管理平台，家长增强了凝聚力，也愿意为幼儿的教育做出共同的努力。

同时，幼儿园也为儿童提供了教育资源，即家长课，是充分丰富幼儿园的"家长课堂"教育资源，同时帮助家长互相成长的又一种途径。另外幼儿园还建立了家委会教育群平台，该平台由园区行政干部管理。借此平台，家委会进入校园，根据其教育目的，合理挖掘、计划和利用家长的资源。家长资源是学校最大的资源，有效地开发和使用家长资源，可以让教育教学工作起到非常大的促进作用。在这一平台上，幼儿园的家长们进行了课堂上的活动。家长由自身出发，授课主题形式各异，内容覆盖艺术修炼、传统文化、身体健康和社会道德等多个方面。通过这种形式，家园共育的内容就形成了。随后，通过班级的微信公众号进行了总结、宣传，使班级父母的参与感更加强烈。家委会也可以领导整合这些资源，扮演信息的提供人、活动计划者、教育合作人员等角色，帮助学校优化课程建设，实现校内教材与校外实践的课程联动，完善学校的育人体系，开发彰显班级特色的活动。在共育平台下家庭与家庭之间可以相互交流、相互学习。

③家庭早期教育资源管理的社区实践共育平台

随着现代社会的快速发展，家庭对早期教育的重视也越来越高。而幼童的发育依赖于生长环境。幼儿的成长环境是家庭、幼儿园、社区等。家庭认识到幼儿的教育不仅限于家里和幼儿园，而且还应体现在更广泛的社会范围。社区和家庭都是幼童教育的重要来源。因此园所在家庭与社区之间搭建了社区实践共育平台。这个共育平台的建立组织者是幼儿园的行政老师，主要目的是为了让幼儿园发挥指导作用，让家庭和社区之间的教育资源能够相互使用，以此来促进幼儿的教育发展。

"书香进社区"活动力争将绘本的多元表达方式融入幼儿生活。因此，在"书香进社区"活动中，幼儿园将重点放在绘本的多元表现上。父母和孩子以丰富的肢体动作和充满感染性的语言，为现场观众展示绘本具有教育意义的故事。在爸爸妈妈的帮助下，孩子们在绘本阅读结束的基础上，进行艺术创作。和爸爸妈妈挑选自己最喜欢的绘本故事，静静地倾听或和父母共读（见附图1-9）。

附图1-9 孩子在帐篷里阅读

这样让更多的家庭能有效地参与到"书香进社区"活动中来。这些形式丰富的阅读活动，也为更多的家庭开展亲子阅读提供系统、科学、有效的理念与方法指导，引导儿童形成伴随一生的爱阅读、会阅读、乐阅读的习惯。通过绘本开展的亲子互动形式，让孩子们感悟到深刻的道理，在互动的交流中，享受快乐、收获知识。

通过这些活动，园所对资源进行整合、分类，有效与社区联动，协调有关的群体力量，统一各方资源，形成教育的合力。该平台的成立还促进了家庭早期教育的优先发展，使幼儿园、家庭和社区教育资源互补，充分利用各种教育资源。在活动的开展中让幼儿承担任务，帮助幼儿丰富生活经验、认识生活环境，促进幼儿全面健康的发展。

④家庭早期教育资源管理的社区实践网络共育平台

利用网络的优势，建立起了一个网络共育平台，其中包含了家庭档案的归档。家庭档案归档是以儿童为核心的家庭信息收集工作。家庭档案的建立对儿童早期教育有益，因为档案记载了儿童智力、体力以及发育变化过程，为儿童探索发展规律的过程提供了依据。家庭档案的建立也有利于保教质量，提高园务管理的水平，为幼儿园各项工作提供了原始的数据。

网络共育平台包括教师微课（见附图1-10）、家庭教育促进平台、校园微信公众号教育指导平台等。这些平台能建立起来都有一个共同的特征，那就是网络。网络教育平台不但为家长提供了大量的优质教育资源，而且实现了可快速获取资源、远程下载和资源共享，为学生提供了许多方便，让他们自主选择和学习。

使用网络平台的对象可能是家长，也可能是儿童。"校园微课"以教育教学时间短，主题突出，可进行师幼互动，方便师幼之间的交流学习为优势进行推广。例如"倒霉熊的发票风波"的微课，老师上传到了微信群上让家长带着孩子观看（见附图1-11）。

附图1-10　上传到微课平台中的优质课件

附图1-11　家长在家陪孩子观看微视频

　　网络共育平台的建立还借助有营销背景的家长资源，服务于园所的网络共育平台。通过家庭早期教育资源管理的社区实践网络共育平台，将早期教育推向受教群体。

（2）创建了家庭早期教育资源管理的社区实践共育模式

家庭早期教育资源管理的社区实践共育模式如附图 1-12 所示。

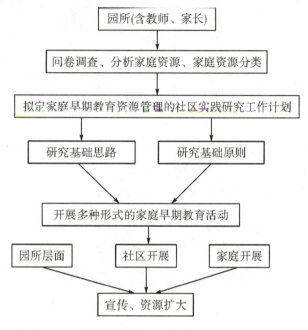

附图 1-12　家庭早期教育资源管理的社区实践共育模式

　　调研园在家庭早期教育资源管理中建立了社区实践共育模式，以园所为出发点，借助社区平台为资源管理的实施途径，达到共享资源、优化资源，更好地利用和管理资源的目的。在资源管理的社区实践共育模式下，首先以问卷调查的形式展开资料收集、分析和分类。在有了清晰的前测材料、分析数据和资源分类后，拟定了社区实践研究的共育计划，以思想和原则为实施导向，开展了多维度的早期教育活动。在园所中多层面的展开活动，有家长进课堂、家长体验日、教师教育故事讲述等；在社区中开展了公益教育活动、书香进社区等；在家庭中开展了教师入户走访、亲子绘本导读、网络共育平台交流等，这些活动均在家庭早期教育资源管理中按计划开展的。

　　（3）充实了更多的家庭早期教育资源活动和家庭资源

　　调研园目前有 6 500 册题材、体裁、类型不同的绘本书（见附图 1-13），85% 以上的幼儿在入园之前都有绘本亲子阅读的经验，家长普遍重视孩子的阅读积累与阅读能力。

附图 1-13　幼儿园绘本馆和班级阅读区域

　　基于幼儿在入园之前都有绘本亲子阅读的经验，家长普遍重视孩子的阅读积累与阅读能力。园所依据《3~6 岁儿童学习与发展指南》（以下简称《指南》）制作了"幼儿多元表达能力评价表"，分别由老师和家长对园所当前的多元表达水平进行初步的评估，同时幼儿园来进行综合分析（见附表 1-2 至附表 1-5）。这样方便幼儿园对家庭早期家庭教育资源的管理。

　　小班统计数据显示，"读"的能力之一"会看画面，能根据画面说出图中有什么，发生了什么事等"，有 59.4% 的儿童符合典型表现，这对于近半数的幼儿是一项挑战。"说"的能力之一"愿意表达自己的需要和想法，必要时能配以手势、动作"；之二"日常生活名词、动词积累较丰富，会组合词语或使用短句表述"，符合表现的幼儿分别占 63.4%、56.4%。由此可以看出，在实际生活中小班多数幼儿日常生活词汇积累较少，对话时更多使用词语和很短小的句子，组合词语用完整的短句表述对小班幼儿挑战较大。"讲"的能力之一"能复述简单发生的事情"，在实际生活中幼儿"能复述"需要以足够多数量的体验为前提。由于爱模仿的天性，"演"是儿童非常喜欢且相对擅长的表达方式。涂鸦也是小班幼儿非常喜爱的表达方式，所以孩子们乐于用涂鸦来表达自己的思想。不过实际生活中，涂鸦前后能够简单说明自己涂鸦意义的幼儿占比不多。

附表 1-2　小班教师评价幼儿的结果分析

结果	项目										
	读			说			讲		演		美工
	会看画面，能根据画面说出图中有什么，发生了什么事等	能听懂短小的儿歌或故事	喜欢跟读韵律感强的儿歌、童谣	愿意表达自己的需要和想法，必要时能配以手势、动作	日常生活名词、动词积累较丰富。会组合词语或使用短句表达	说话自然、声音大小适中	能口齿清楚地说儿歌、童谣	能复述简单的故事	喜欢观看歌舞戏剧等不同形式的表演并有意模仿表演	能用声音、动作、姿态模拟表演理解的信息、情境	喜欢用绘画、手工等方式大体讲述自己的意思
=	60	97	76	64	57	85	66	65	85	59	72
占比/%	59.4	95	75.2	63.4	56.4	84.2	65.4	64.4	84.2	68.3	71.3
<	20	0	17	20	28	11	24	33	5	26	20
占比/%	19.8	0	16.8	19.8	27.7	10.9	23.8	32.7	4.9	25.7	19.8
>	21	4	3	17	16	5	11	3	12	6	9
占比/%	20.8	4	8	16.8	15.9	4.9	10.8	2.9	10.9	5	8.9

注：根据《3～6 岁儿童学习与发展指南》小班典型表现描述为依据。水平高于、符合、低于典型表现分别使用 ">、=、<"。

附表 1-3　中班教师评价幼儿的结果分析

结果	项目											
	读		说					讲		演		美工
	能根据连贯画面提供的信息，大致说出事故的情节	喜欢把自己的故事或看过的图书讲给别人听	愿意与他人交谈，喜欢谈论自己感兴趣的话题	名词、动词之外积累了较多的形容词。会使用简单的长句表述	能结合情境感受到不同语气、语调所表达的不同意思	基本会说普通话，能基本完整地讲所见所闻和经历的事情	能根据场合调节声音的大小	能比较连贯的进行讲述	能较完整复述故事。配合表情动作富有表现力	能即兴呻唱，即兴表演，或用熟悉的儿歌表达自己的心情	能和拍手、踏脚等身体动作或可敲击的物品进行表演	能运用绘画、手工制作等表现手法观察到或想象中的事物
=	59	57	47	53	61	47	62	54	57	58	59	53
占比/%	51.7	50	41.2	46.5	53.5	41.2	54.4	47.4	50	50.9	51.7	46.5
<	25	23	14	31	18	18	29	23	48	42	28	37
占比/%	22	20.1	12.3	27.2	15.8	15.8	25.4	20.2	42.1	36.8	24.6	32.5
>	30	34	53	30	35	49	23	37	9	14	27	24
占比/%	26.3	29.9	46.5	26.3	30.7	43	20.2	32.4	7.9	12.3	23.7	21

注：根据《3～6 岁儿童学习与发展指南》中班典型表现描述为依据。水平高于、符合、低于典型表现分别使用 ">、=、<"。

中班统计资料显示，"读""说"的能力中符合典型表现的儿童占比都在 50% 左右，"愿意与他人交谈，喜欢谈论自己感兴趣的话题"对中班幼儿较难的是"围绕话题不跑题"。"讲"的能力符合典型表现的儿童占比也不高，同时实际生活中完整连贯地讲是目前多数幼儿的困难。儿童有交替使用长短句来讲的意识，但是实际能力还不支持他们的意愿。"演"方面，虽然儿童喜欢演但是有目的地演是很有挑战的。"美工"方面儿童使用绘画等手工形式来表达思想的能力明显较弱。

附表 1-4　小班家长评价幼儿的结果分析

结果	项目										
	读			说			讲		演		美工
	会看画面，能根据画面说出图中有什么，发生了什么事等	能听懂短小的儿歌或故事	喜欢跟读韵律感强的儿歌、童谣	愿意表达自己的需要和想法，必要时能配以手势、动作	日常生活名词、动词积累较丰富。会组合词语或使用短句表达	说话自然、声音大小适中	能口齿清楚地说儿歌、童谣	能复述简单的故事	喜欢观看歌舞戏剧等不同形式的表演并有意模仿表演	能用声音、动作、姿态模拟表演理解的信息、情境	喜欢用绘画、手工等方式表达，并能大体讲述自己的意思
=	46	43	42	42	45	61	45	51	42	58	37
占比/%	48.9	45.7	44.7	44.7	47.9	64.9	47.9	54.3	44.7	61.7	39.3

结果	读			说			讲		演		美工
	会看画面，能根据画面说出图中有什么，发生了什么事等	能听懂简短的儿歌或故事	喜欢跟读韵律感强的儿歌、童谣	愿意表达自己的需要和想法，必要时能配手势、动作	日常生活名词、动词积累较丰富。会组合词语或使用短句表达	说话自然、声音大小适中	能口齿清楚地说儿歌、童谣	能复述简单的故事	喜欢观看歌舞戏剧等不同形工的表演并有意模仿表演	能用声音、动作、姿态模拟表演理解的信息、情意	喜欢用绘画、手工等方式表达，并能大体讲述自己的意思
<	6	0	5	14	11	9	14	22	25	19	48
占比/%	6.4	0	6.4	14.9	11.7	9.6	14.9	23.4	26.6	20.2	51.1
>	42	51	46	38	38	24	35	21	27	17	9
占比/%	44.7	54.3	48.9	40.4	40.4	25.6	37.2	22.3	28.7	19.1	9.6

注：根据《3~6岁儿童学习与发展指南》小班典型表现描述为依据。水平高于、符合、低于典型表现分别使用">、=、<"。

附表1-5　中班家长评价幼儿的结果分析

结果	读			说				讲		演		美工
	能根据连贯画面提供的信息，大致说出事故的情节	喜欢把听过的故事讲或读过的图书讲给别人听	愿意与他人交谈，喜欢谈论自己感兴趣的话题	名词、动词之外积累了较多的形容词。会使用简单的长句表述	能结合情境感受到不同语气、语调所表达的不同意思	基本会说普通话，能基本完整地讲述自己的所见所闻和经历的事情	能根据场合调节自己声音的大小	能较完整复述故事。配合表情动作富有表现力	能比较连贯的进行讲述	能即兴哼唱、即兴表演，或用熟悉的儿歌等表达自己的心情	能和拍手、踏脚等身体动作或可敲击的乐器进行表演	能运用绘画、手工制作等表现自己观察到或想象的事物
=	46	38	32	45	36	37	37	49	39	29	31	26
占比/%	56.8	46.9	39.5	55.5	44.4	45.7	45.7	60.5	48.1	35.8	38.3	32.1
<	13	12	4	12	12	4	25	12	25	13	20	32
占比/%	16.1	11.8	5	14.9	40.7	5	30.9	14.8	30.9	16.1	24.7	39.5
>	22	31	45	24	33	40	19	20	17	39	30	23
占比/%	27.1	38.3	55.5	29.6	14.9	49.3	23.4	24.7	21	48.1	37	28.4

注：根据《3~6岁儿童学习与发展指南》中班典型表现描述为依据。水平高于、符合、低于典型表现分别使用">、=、<"。

家长评价中，小班有96名儿童家长参加评价，中班有81名儿童家长参加评价。数据显示同样的典型表现家长的评价低于老师的评价，尤其是美工能力方面。幼儿园分析，很有可能是因为幼儿在园得到的各种表现机会更多，因此老师家长的某些评价结果不一致。对家长的访谈以及家长会交流中发现，幼儿园家长普遍希望幼儿的语言表达能力以及表演能力能够得到很好发展。所以为了能够充实更多的家庭早期教育资源活动和家庭资源开展以下活动：

①幼儿园环境是重要的教育资源，像是一位不会说话的老师。环境创设更是一种"隐性课程"。公共区域以及班级阅读区，以绘本为主，营造出"书香环境"（见附图1-14至附图1-17）。同时，邀请家长"走进来"，将环境创设的重要性讲给家长听，引导家长给孩子营造舒适、有书香味的家庭环境。

附图1-14 幼儿园大厅绘本墙

附图1-15 班级阅读区（1）

　　②幼儿园以《指南》中的五大领域为引导，根据绘本的内容，给班级和家庭制作"主题式绘本阅读书目"（见附图1-18）。幼儿园将书目推荐给班级老师，老师根据自己班级的月主题选择一本绘本进行阅读。同时也将此书目推荐给家长，告知家长班级的月主题书目，指导家长结合主题选择亲子阅读书目。这样有利于家庭亲子阅读从散漫式转换为主题式阅读。

附图 1-16　班级阅读区（2）

附图 1-17　班级阅读区（3）

健康						
身体秘密	《我们的身体》 (健康知识)	《不要随便亲我》 (性别教育)	《不要随便摸我》 (性别教育)	《脚丫"罢工"》 (健康知识)	《小肚脐》 (健康知识)	《坏"身体"旅行》 (健康知识)
	【平平和小青儿的……】 (健康知识)	《肖肖身体画册》 (健康知识)	《礼物》(软件)	《你的便便在哪里?》(软件)	《】肚脐眼】	
百变情绪	《我的情绪小怪兽》	《愤怒的龙》	《生气王子》	《气哼哼的伯奈斯被带走了》	《菲菲生气了》	《被偷走的微笑》 (软件)

附图1-18　"主题式绘本阅读书目"截图

③为了指导家长在家时能够更好地进行亲子阅读，充分利用自己的家庭教育资源，幼儿园开设"经典绘本，家园之旅"的微信公众号共育平台。每逢单周老师在公众平台上为大家带来绘本导读，和大家分享阅读的技巧（见附图1-19）。与此同时家长们还可以向指定的邮箱把自己在家与孩子的阅读技巧梳理成文章进行投稿。经过老师筛选以后，在双周时把选中的文章在微信公众号上进行推送，向更多的家长分享家庭亲子阅读的育儿经验（见附图1-20）。

附图1-19　老师在共育平台上介绍读绘本的讲法

趣读趣演《白雪公主》

绘本家长：吴　艳

绘本宝宝：赵棹涵

（小二班）

陪伴孩子阅读绘本，需要尊重孩子的主观感受，以兴趣为导师！趣读趣演就是一种颇好的阅读方式。

选择一本孩子喜欢的书，在给孩子讲述的时候可以根据情节的变化变换不同的语调，更可以配合绘本做出相关的动作，以此趣读吸引孩子的注意。孩子听得有趣了，会主动要求家长反复的读，久之，便在小小的脑海留下深刻印象。

附图 1-20　家长在共育平台上分享和孩子亲子阅读后的感受

　　家长们在撰写文章时，教师还会给予家长专业的教育指导，与家长一起改稿、帮助家长梳理提炼文章，达到家、园、社区共育，家家受益的教育目的。目前看来，投稿很踊跃的家长，也纷纷表示在微信公众号上收获甚多，并自发地推荐给身边的当妈妈的好友共同学习。

　　④园所的家庭教育资源丰富，也充实家庭早期教育活动。在家长资源库中邀请部分专业人士家庭和教师家庭，利用他们的职业优势和教育经验为儿童带来教学活动。虽说这些家长在他们的职业领域中是专家，但对幼儿园的教学活动他们却是陌生的。在进入课堂之前，老师带着家长一起修改教案，配合家长的整个教学过程，一起完成这些特殊的教学活动现场（见附图 1-21 至附图 1-24）。

附图 1-21　飞机师爸爸进课堂

附图 1-22　眼科医生妈妈进课堂

附图 1-23　家长户外教学活动

这些活动不仅充实了家庭早期教育资源活动，也帮助园所更好地管理家庭资源。

附图1-24　家长进课堂后留下的活动感受

⑤幼儿园开展了多次家长开放日活动，指导家长在活动中以教育的视角来看儿童的发展，鼓励家长加入儿童的活动中去。只有参与了、感受了，家长才能真正体验到游戏对儿童发展的重要性（见附图1-25、附图1-26）。

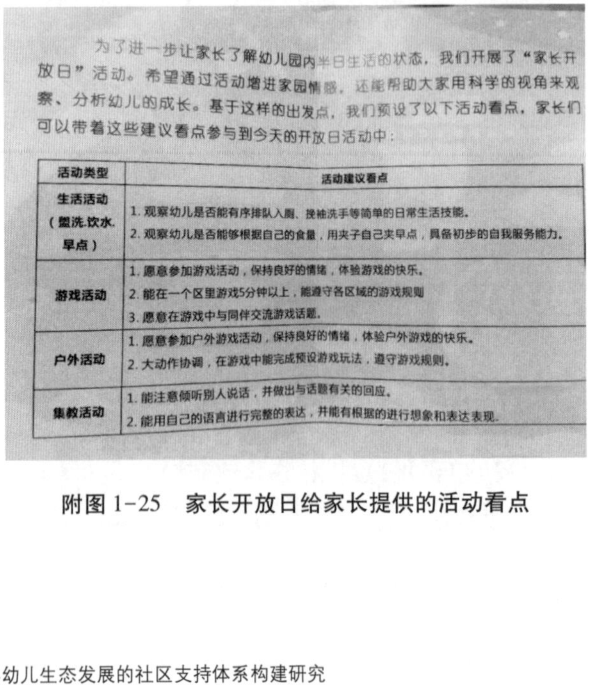

为了进一步让家长了解幼儿园内半日生活的状态，我们开展了"家长开放日"活动。希望通过活动增进家园情感，还能帮助大家用科学的视角来观察、分析幼儿的成长。基于这样的出发点，我们预设了以下活动看点，家长们可以带着这些建议看点参与到今天的开放日活动中：

活动类型	活动建议看点
生活活动 （盥洗、饮水、早点）	1. 观察幼儿是否能有序排队入厕、按袖洗手等简单的日常生活技能。 2. 观察幼儿是否能够根据自己的食量，用夹子自己夹早点，具备初步的自我服务能力。
游戏活动	1. 愿意参加游戏活动，保持良好的情绪，体验游戏的快乐。 2. 能在一个区里游戏5分钟以上，能遵守各区域的游戏规则。 3. 愿意在游戏中与同伴交流游戏话题。
户外活动	1. 愿意参加户外游戏活动，保持良好的情绪，体验户外游戏的快乐。 2. 大动作协调，在游戏中能完成预设游戏玩法，遵守游戏规则。
集教活动	1. 能注意倾听别人说话，并做出与话题有关的回应。 2. 能用自己的语言进行完整的表达，并能有根据的进行想象和表达表现。

附图1-25　家长开放日给家长提供的活动看点

附图 1-26 家长开放日现场

在家长们看完儿童的现场后又请家长回到会议室，由幼儿园的行政及老师们为家长带来亲子阅读的指导，如"小、中、大班幼儿的绘本要怎么选""亲子阅读时要怎样对幼儿进行指导""读完绘本以后就没事可干了吗"等问题。家长们有的拍照，有的拿出小本子做笔记，纷纷表示这样的家长开放日很特别，让大家学到了许多专业的知识。

⑥"以点概面"的资源管理模式，鼓励受益的家长个体将获得的教育体验扩散到家庭，再到社区中。园所在家庭早期教育资源管理的过程中也在逐步发展。同时，幼儿园组织大型活动，敞开大门欢迎家长入园，参与到幼儿园的节日课程当中。"六一"儿童节庆典晚会在主题"缤纷游戏、缤纷自助餐、缤纷晚会"下如火如荼地进行着，家长们还自发表演了节目（见附图 1-27、附图 1-28）。

附图 1-27　"六一"儿童节庆典晚会孩子们的节目

附图 1-28　家长在晚会上的节目表演

　　⑦学年度第一学期期末，园所都会在小班组家长中开展以"乐业、敬业、修业"为主题的教育故事讲述活动，在教师们平凡的故事讲述中让家长们了解教育的真正含义，帮助家长树立正确的早期教育观念（见附图 1-29、附图 1-30）。

附图 1-29　教师正在讲述故事

附图 1-30　教育故事讲述现场家长谈感受

　　活动中开放教育交流平台，所有家长都可以在交流平台中交流发表自己的教育观点，抒发和表达自己的观点（见附图 1-31）。

	返回 关闭　统计结果
	她坚决的告诉我：要去！同学会想我的。在此，再次说声小一班的老师们，你们辛苦了……
71	在给孩子报名五幼之前，根本没有想过上公立幼儿园！总觉得公立幼儿园是落后的，随小区家长一起报名有幸抽到了！经过这一学期，孩子的变化和成长，对公立幼儿园有了新的认识！感谢老师们的辛苦付出！
72	以前以为园长都是严肃的，让人望而生畏的！有一天坐电梯，小朋友看到画报里刘涛就说:妈妈，那是园长妈妈。原来，在她小小的心里园长是美丽温婉的女神！
73	今天来开家长会，满满的感动，每天送孩子上学后，都顿感轻松，却从没想过老师的辛苦，大爱你们，老师们！
75	学校是做教育的地方，参加这次期末家长会，感触学习很深。昨天听到一句话，现在00后都出来工作了，有些80后还把自己当小孩。之间上有老下有小，反思自己作为家长确有不足之处，陪伴孩子时间太少，和老师付出相比做的不够。同时对老师们敬业，乐业的精神，也让人心生敬意，值得学习。每份职业都以敬畏之情对待，投入是必要条件，忘情投入则会收获快乐。收获很多，谢谢老师们。
76	我们的老师真的很棒！辛苦了
	上一页　正在浏览第3/4页　下一页

	返回 关闭　统计结果
	孩子爱！谢谢你的细心，耐心，并专业的给孩子们快乐是童年！
52	每一个分享都感同身受，老师们，你们辛苦了，很欣慰我的宝贝能在五幼！有这样一个教师团队，我们家长放心！
53	健康是什么？健康是身体，心理，还有社会适应力。谢谢这位老师说到我的心里。每位老师那么真诚和友爱
54	五幼的领导和教师敬业、专业，有爱心、责任心，我们家长放心、安心，我为我家宝贝昊昊霖能进入这么好的幼儿园学习感到庆幸、骄傲！小一班昊昊霖家长：昊孝兵
55	今天参加幼儿园家长会，这也是作为家长参加儿子第一个寒假的家长会，听着每个老师的工作总结，深深的感受到五幼的每一位老师对工作的责任心，对孩子们的爱心和对教育工作的态度。作为家长我们非常愿意把自己的宝贝放在这种有爱的环境成长。感谢我们每一位老师的付出，特别是小四班的老师，感谢你们这一年的付出和贡献。我想说说我的孩子交给武侯区五幼我很放心！也感谢为教育事业付出贡献的所有老师！
56	往往都是，不求回报的付出有了小小的收获！会对之前的辛苦付出感到心酸！欣喜！那个时候才会想起付出时候的辛劳
	上一页　正在浏览第2/4页　下一页

附图 1-31　家长们在交流平台上的留言

　　活动后期再分班由班级教师与家长展开有针对性的交流活动。这样的活动可以帮助每个家庭在未来的家庭教育中建立良性的教育导向。同时通过平台中的交流互动，园所也可以清楚地了解到目前家庭在教育观方面的需求，这样才能更好为未来的教育管理打好基础。通过活动，家长们对园所的评价颇高（见附图 1-32）。

附图 1-32　2018 年"乐业、修业、专业"教育故事分享中

家长对幼儿园教师师德师风的测评，满意率为 100%

概括而言，调研园立足幼儿园创新管理，共建共享家庭早期教育资源的社区实践与创新，其间有经验也有教训，取得的进步是后期工作不断向纵深拓展的无穷动力：

·2018 年 8 月获得武侯区第 28 届校长研讨会提议一等奖；

·2018 年 11 月评为成都市二级园；

·2018 年 11 月校园微电影《最幸福的时刻》获全国第十三届中小学校园影视评选活动一等奖和四川省第十五届中小学校园影视评选活动校园微电影"一等奖"；

·2018 年 11 月《成都娃耍游戏》获四川省第十三届中小学校园影视评选活动校园专题类三等奖；

·区级《绘本阅读体验中发展幼儿多元表达能力的研究》、区级微型科研《绘本新阅读中班幼儿口语表达能力的实践研究》和《小班混班游戏推进方法的实践研究》获得多项研究成果奖。

八、反思

（一）家庭早期教育资源管理的社区实践存在的问题

1. 尚无社区相应管理政策与经费保障配套

1988 年中共中央下发的《关于改革和加强中小学德育工作的通知》，其中规定，家庭、学校、社会教育要紧密结合在一起。1993 年，我国《教育改革和发展纲要》提出支持并鼓励中小学校与附近企业和事业单位、街道与村民委员会建立社区教育组织，吸引社会各方面进行社区学校建设，参与社区学校管理，优化社区家庭早期教育育人环境，探索出符合中小学生特征与社会相结合的教育。但是在这些政策中都没有提到早期家庭教育与社区结合的相应管理政策和形式。通过调查和分析我国家庭早期教育的社区实践中在政策的管理上和经费配套问题上还存在以下的问题：缺少相应的管理制度、没有相应的管理机构、公民权利义务的意识淡薄、缺乏稳定的专业的人员队伍、必要经费的短缺。本部分将对这些原因进行深入的分析：

（1）缺少相应的管理机构和管理制度

随着社会的发展，针对家庭早期教育研究的深入，不管是社区、还是家庭都聚焦于现阶段社区针对家庭早期教育的管理问题。通过研究发现我国家庭早期教育起步较晚并且缺乏政府的监管，社区的家庭教育已经存在诸多方面的问题。一方面，私立的家庭早期教育机构具有明显的功利性，单纯以营利为目的，忽视教育的公平性和质量，没有相应的管理机构能给予家庭早期教育一个发展的标准，同时没有一个系统的机构能够支持家庭早期教育在社区正常进行；另一方面，随着家庭早期教育的社区实践研究的不断细化，社会和政府对于家庭早期教育的认识也越来越深刻，家庭早期教育的资源也是越来越丰富。但是在回顾我国家庭早期教育的基础上，目前存在的最大问题就是缺乏对家庭早期教育资源管理制度在使用环境中的深入分析[23]。在社区实践中，为了使家庭的早期教育在社区协调的帮助下，有序地、系统和安全地进行，管理机构的建立和管理体制是非常必要的。

家庭早期教育公共资源的社区早期管理教育政策通常是一个国家早期教育管理政策的一个有机组成部分，而公共教育管理政策则通常是国家公共政策的一个组成部分。社区家庭早期教育政策是政府在其负责社区内的教育领域所要实行的总行动方针。社区家庭早期教育政策与每个家庭、每个公民的利益息息相关。因此管理机构的建立和相应制度的制定是对社区早期教育公益性、公平性和公开性的要求。另外相应管理机构和制度也是对家庭早期教育资源公正、公平、公开并有效分配划分的一个重要标准。

（2）缺少专职和专业的工作人员的支持

《教育部关于推进社区教育工作的若干意见》规定，"各地教育行政部门要加强社区家庭早期教育队伍的建设，建立一支以专职人员为骨干，兼职人员和志愿者为主体的适应社区教育需要的管理队伍和师资队伍"。正如前文中提到的家庭早期教育越来越受到社会的重视，但其也反映出一些社会问题。家庭早期教育是社区教育的一部分，它需要专业和职业人员来支持社区对家庭早期教育资源管理和支配的。随着社区教育的深入，社会教育中存在着大量的问题，需要社区范围内进行预防与解决。而家庭早期教育的问题在社会的发展中也日益突出。那么从社区入手，建立专职专业的家庭早期教育的工作人员就是解决和预防家庭早期教育问题的关键。

而现实情况是：第一，社区家庭早期教育中并没有涉及相应的家庭早期教育的专业专职的工作人员；第二，社区早期家庭教育的发展和操作缺少科学化、规范性，阻碍了社区早期家庭教育的进一步发展。其主要原因是，政府在给出社区教育政策后，没有制定具体的行动方案和细节。社区如何管理早期社区的家庭教育团队，实际上是很难运作的。这样导致社区教育工作人员的积极性不高，也难以有专业的人才愿意并有渠道进行专职的家庭早期教育的社区工作。

（3）社区支持开展家庭早期教育资源管理的经费短缺

《教育部关于推进社区家庭早期教育工作的意见》提出，"要充分发挥政府扶持和市场机制的双重作用，采取政府拨一点，社会筹一点，单位出一点，个人拿一点的办法，建立以政府投入为主，多渠道投入的社区早期家庭教育经费保障机制"。但各地区在家庭初期教育资源的管理上，一开始就有差异。各地区的社区早期教育建立没有一个强大的政策来统一要求，教育工作的每年考核都不涉及这一问题。因此，社区家庭的早期教育经费未被列入教育总预算，更不能有效地监管。当然，社区家庭的早期教育资金应该是多渠道筹集的，包括当地政府、企业、社会各界和个人的资金。但由于当地企业的经营机制转换，社会下岗人员增加，城镇居民的收入差异很大，这样一些具体的情况使得社区家庭早期教育资源管理的经费短缺，社区经费不足以有效地进行家庭早期教育资源管理在社区的开展。

2. 家庭、幼儿园早期教育的社区实践参与形式单一

（1）现阶段常用的家庭早期教育的社区实践参与形式

2001 年国务院批准印发的《中国儿童发展纲要》中第一次提出了"发展0~3 岁早期教育"。2003 年国务院办公厅转发教育部等十部委《关于幼儿教育改革与发展指导意见》提出，"建立以社区为基础，以示范性幼儿园为中心，灵活多样的幼儿教育形式相结合的幼儿教育服务网络"。针对早期家庭教育发展的特点以及家庭需要，充分利用幼儿园的示范作用、街道的资源，因地制宜地开展家庭早期教育的指导工作，其中主要包括以下形式：

一是早教宣传活动以及宣传集体指导服务活动。各中心与社区和街道联合，坚持在每月举办 1~2 次社区指导实践，积极为散居家庭介绍早期社区教育的科学育儿知识。实践形式有入户指导、入园学习等。

二是开展专家演讲和专家进学校的活动。邀请大学专家、幼教名师、医院

儿科医生等专业人士对家长进行知识讲座、交流，向家长传授专业幼儿护理知识、科学喂养等内容。

三是针对幼儿和其带养者的素质提高，开展一系列贴近社会需要的活动，为0~3岁幼儿提供学习和游戏的场所，让幼儿带养者接受长时间的亲子教育训练。通过家长课堂、送教入户、亲子乐园等主题活动，满足周围居民对育儿的认识，并在潜移默化下优化自己的文明行为，提高文明素养。

四是通过网络沟通平台等。通过网络宣传专业的育儿知识，树立正确的育儿价值观，满足不同受众需求，扩大家庭教育指导的覆盖率。

（2）采用家庭早期教育的社区实践形式

面对社会对家庭早期教育的要求越来越高，家长接触新事物、新理念的机会越来越多，家长接收信息的渠道也越来越广，丰富的活动形式不仅能帮助家庭早期教育的开展，也能把科学的育儿知识做到最大程度的推广。以下的形式以后也会成为家庭早期教育的社区实践的主要形式：

一是进行资料发放活动。社区管理指导中心为家庭提供早期教育资料，购买各类早期教育的课程指南、教养指南等。

二是注重媒体平台的使用。利用广播电台或电视频道等播出丰富的育儿方面的节目。

三是组织开展早教中心的集体指导服务。周末全日制、半日制、平时计时和亲子早教活动等地系统开展，为婴儿家长提供早教辅导服务。

3. 家长重视度参差不齐，有待形成共育合力

基于幼儿园的教育教学情况，幼儿园开展了多种合力共育的活动，进行有益的探索，积累了一定经验，形成了个性化的园所特色，但是在研究中还是发现，当前家园共育工作仍存在着一定的不足之处。

（1）角色定位不够

家长老师从属关系，体现了地位不平等的特点。家长服从幼儿园安排，幼儿园不关注父母的意见和要求；家园沟通的桥梁塌陷，不能进行换位思维，导致家庭交流不畅；在某种方面存在偏差，导致家长会出现消极的应付，冷战反抗等现象，甚至矛盾冲突。

（2）家庭教育理念不同

每个家庭都有自己的家庭教育理念。有的家庭教育理念能与社区或幼儿园达成一致，但有的家庭基于自身的背景，并不认同社区或幼儿园的育儿观。这样就促使父母的工作变得表面、形式化了。突出的表现是：一些父母认为，教育儿童是幼儿园老师的工作，再加上他们平时工作繁忙，疏于与老师交流；幼

小衔接倾向严重，家园合作共育的能力提升效率不高；一些幼儿园的领导组织了家长们走进幼儿园来，但是不知道可以通过什么渠道和方法使其参与其中。

4. 家庭早期教育资源管理的社区实践缺乏评估督导机制

表面上，政府行政机关主导社区实践活动，有关行政机关决定组织部门和参加人员。但是在实践活动的开展过程中，难以找到活动的组织者，没有人来对活动进行督导和评估。究其深层原因，家庭早期教育资源管理社区实践中缺乏内外动力，一方面是教育行政机关没有明确、有效的帮助和指导；另一方面，活动的效果与问责、奖惩无关。因此，大多数有关家庭早期教育资源的社区实践活动，只能在教育行政机关的督导下进行，其活动质量和影响力也是可想的。可见，我国目前实行的幼儿园或社区评估和督导体制，对家庭早期资源管理社区的实践活动，没有得到有效的监督和执行。

（二）家庭早期教育资源管理的社区实践策略建议

1. 建立家庭早期教育资源管理的社区工作机制

如附图 1-33 所示，关于家庭早期教育资源支持的主体是社区和幼儿园。社区和幼儿园能有效、快速地得到各方面的支持。社区、幼儿园、家庭之间的关系往往是相互影响的。社区可以向政府申请教育资源的资金，申请的资金或资源将通过幼儿园作用于家庭早期教育或直接作用于家庭早期教育。

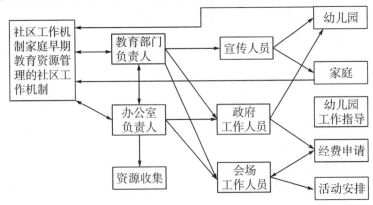

附图 1-33　家庭早期教育资源管理的社区工作机制

2. 建立家庭早期教育资源管理的社区实践指导中心

建立了社区早期教育资源的实践指导中心，使社区对家庭的早期教育拥有一支高质量、专业的家庭教育资源管理队伍。该队伍需要做好下列几个方面的工作：第一，肯定家庭早期教育资源在整个学前教育系统中的重要作用，增强从业者的职业认同感。国家应制定相关的政策法规，建立家庭早期资源管理人员的准入制度，职业认证系统，职前培训和职后培养系统，增强专业的归属性和提供职业发展的路径。第二，依托大学的学前教育、早期教育和医疗专业，研究探索幼儿家庭早期教育人员到底需要哪些核心能力，设置什么课程，采用哪些模式进行培养并达成共识，避免出现各高校及职业学院早教人才培养标准混乱局面。第三，为在职教师继续教育提供支持和保障。培训学习应考虑到不同的知识背景下从业者的专业核心能力参差不齐，要结合工作要求，有针对性的安排学习内容和方法。通过组织园内观摩与交流，开展有关主题的研讨，丰富服务内容，创新的服务形式，组成一个专业兼职师资团队。进一步规范管理，提高社区早期家庭教育资源管理的专业素质，提高社区保教教育的能力。

3. 建立家庭早期教育资源共享平台

家庭早期教育资源共享是为了整合社区的资源，提高对社区的利用效率，从而更好地进行家庭早期教育的开发。为此，需要加强政府的管理职能，提高居民对社区教育的关注度和参与程度。可以有以下开展方式：

（1）加强家庭早期教育资源的共享意识，提高居民对早期家庭教育的关注程度和参与性

对家庭早期教育资源共享的意识，可以有目的地宣传，让更多居民从了解他们的权益开始，逐步参与到家庭早期教育资源的共享建设之中，从而使社区氛围更加浓厚。因此，一开始，培养家庭早期的教育资源共享意识，提高居民对社区教育的参与程度和重视度，就是活动的焦点。

（2）建立家庭早期教育资源库

幼儿园针对每位新生幼儿开展家访活动，对幼儿情况、家庭情况、家长信息等方面进行详尽的了解、沟通，建立幼儿家庭资源库。该资源库不能完全承担家庭教育方面的系统指导工作，应建立包括社区参与机制在内的家庭教育的社会支持系统[24]。

（3）建立社区教育资源库

针对社区的情况，走访、调查、了解全社区的与家庭早期教育相关的职能部门的教育配合度，并通过宣传在幼儿成长中社会的作用，鼓励家长参与到幼儿成长教育中来。同时，深入了解本社区的设施、场地、历史、文化、传统等，建立社区资源库[25]。收集社区优良的传统资源，收集特长人士的资料，为幼儿园的各种活动做好资料存储。社区组织机构应将文化资源与社区学校、文化站、图书馆、博物馆和电台联合起来，并将文化资源整合在社区教育信息资料系统中，为居民提供互动学习平台，促进居民与外部交流。

（4）建立网络家庭早期教育资源库

现代社会中，网络让家庭可以选择不同的时间、地点进行学习，满足了居

民多样化的需求[26]。家庭早期教育信息资源系统开发人员应该重视收集微课、慕学和视频公开教育资源，力争开设有计划、步骤的有效培训，选择高质量微课、慕学和视频公开教育等优质资源，为满足居民的多样化学习提供服务。

4. 社会力量参与

早期的家庭教育公共服务不仅是教育，而且还是一个复杂的社会事务。单一的政府提供或碎片的服务不能满足早期家庭教育的公共服务发展的需要。但调研发现，由于缺少有效的合作机制，在实际中市场交易是不可能的，实际供给往往呈现严重不足的现象。因此关于家庭早期教育的资源的提供应该不仅仅局限于政府，需要依靠企业、慈善组织、公益组织、个人等多种资源提供的方式，让更多的社会力量参与其中。

（1）政府在政策管理上给予支持

政府是各项公益事业的维护者和支持者，家庭早期教育的资源提供作为一项社会性质的公益活动，最根本还是依赖于政府在公共事业中的投入。因此社会各发面的参与和支持都是建立在政府制定相关管理制度和政策的基础上。

（2）私人企业或获得许可的教育机构的有偿支持

这些企业或教育机构提供有偿的家庭早期教育资源，在政府部分力量薄弱或还力所不能及的时候，这样的一些私人企业或机构也就成了提供家庭早期教育资源的重要力量。

（3）非营利组织参与家庭早期教育资源的提供

非营利组织，例如志愿者、慈善机构、公益组织等，通过提供教育支持、兴办教育服务、捐款捐物等方式参与到家庭早期教育资源中来。提供教育支持主要是在经过政府许可后，直接向家庭提供关于保教幼儿方面的知识与经验，重点解决家长在育儿方面的困惑[27]。

九、研究展望

（一）儿童友好社区的共建共享

儿童作为独立的个体，有其独特的需求，每个儿童的成长都会遇到不一样的问题。儿童友好社区的建立旨在对儿童的成长给予最大的支持。根据儿童需要，社区为儿童提供物质、精神和机制的支持，保护其生存、生命和发展的权利，使儿童更加健康和快乐。

建立儿童友好社区应该集中在儿童本身及家庭状况上，重点关注儿童的基本生存和安全权利。在为儿童提供服务的过程中，给儿童进行游乐，倾诉和学习的机会。针对困境的儿童和特殊的儿童，友好社区应提供专业工作技能，对儿童困难的理解和支持,与他们共同面临困难、解决问题。在友好社区的建设过程中,应充分考虑儿童的身心特征,制定有利于儿童的社会机制,保护孩子的权利,给予他们应有的全力支持。

(二)家庭早期教育资源管理社区实践的示范园创建

幼儿园致力于建立社区早期教育指导中心,全面贯彻教育方针,探索教育规则,发挥幼儿园对社区早期教育服务的重要作用。示范园是社区教育资源的一个重要部分,是早期家庭教育资源的一个重要组成部分。幼儿园是社区内的其中之一,利用示范幼儿园在学前教育的专业知识、场地、教育设施等方面的优点,可以更好地为社区提供教育服务。

此外,还需要注重幼儿园建设,改善教育教学管理工作的环境;完善幼儿园的课程建设,除基础课程外,做好园所拓展课程;注重教师队伍建设,提高教师素质及专业能力;注重教学成果的收集和整理;强化日常管理,规范教学秩序,完善幼儿园的各项制度;积极响应社区、家庭的号召,努力成为社区教育资源。

参考文献

[1] 国务院. 国务院关于基础教育改革与发展的决定 [R]. 国务院,2001.

[2] 钱文,海小文. 试论幼儿教育的生态学界域 [J]. 教育科学研究,1997 (2):25-27.

[3] 周颖. 从学困生成因看早期家庭教育的重要性 [J]. 现代教育,2014 (8):55-56.

[4] 阿德勒. 人格哲学 [M]. 罗玉林,等译. 北京:九州出版社,2004 (1):125.

[5] 筑波大学教育学研究会. 现代教育学基础 [M]. 钟启泉,译. 上海:上海教育出版社,1986.

[6] 黄晓敏,张莉. 美国新泽西州学前教与学的标准及启示 [J]. 教育参考,2018 (5):47-52.

[7] 顾明远. 教育大辞典 [M]. 上海:上海教育出版社,1998.

[8] 孟庆枢,于长敏. 面向21世纪日本教育发展趋向:《日本第15届中央教育审议会第一次咨询报告》浅析 [J]. 日本学论坛,1998 (1):30-35.

[9] 赵忠心. 家庭教育学 [M]. 2版. 北京:人民教育出版社,2001.

[10] 邓佐军. 家庭教育学 [M]. 福州:福建教育出版社,1995.

[11] 黄乃毓. 家庭教育 [M]. 台北:台湾五南图书出版公司,1996.

［12］国务院. 中共中央国务院关于深化教育改革，全面推进素质教育的决定［R］. 国务院，1999.

［13］AY RAMIREZ. High school teacher's view of parent involvement［J］. American Secondary Education，2000（4）：62.

［14］BERGER E H. Parents as partners in education：families and schools working together［M］. London：Pearson，2019.

［15］李生兰. 幼儿园与家庭、社区的合作共育研究［M］. 上海：华东师范大学出版社，2003：64.

［16］王淑琴. 家长参与：瑞吉欧学前教育的重要经验及启示［D］. 福州：福建师范大学，2013：54.

［17］虞永平. 幼儿园课程中的家长参与和家长发展［J］. 学前教育研究，2005（7）：56.

［18］李生兰. 幼儿园与家庭、社区的合作共育研究［M］. 上海：华东师范大学出版社，2003：119.

［19］金虹青，徐晶. 幼儿园家长资源开发策略［J］. 学前教育研究，2008（8）：69.

［20］刘国丽. 幼儿园利用家庭资源优化物质环境的研究［D］. 上海：华东师范大学，2011：67-68.

［21］刘爱云. H省A市幼儿园利用家庭、社区教育资源的研究［D］. 上海：华东师范大学，2007：93-98.

［22］李艳. 0~3岁早期教育共同体的实践研究［D］. 西安：陕西师范大学，2013：2.

［23］朱鸿章. 社区教育政策与公民学习权保障的研究［D］上海：华东师范大学，2012：2.

［24］颜雪梅. 构建家庭教育社会支持系统的策略探析［J］. 当代教育论坛，2005（12）：97-99.

［25］白涛. 社区家庭教育资源的开发与利用研究：以福州市为例［D］. 福州：福建师范大学，2016.

［26］何鹏程. 教育公共服务体系构建研究［D］. 上海：华东师范大学，2012.

［27］杨庆. 湖南省示范性幼儿园示范作用发挥研究［D］. 长沙：湖南师范大学，2007.

附录二　家庭、幼儿园与社区"三位一体、合作共育"实践模式探究——成都市天府新区华阳幼儿园社区早期教育实践与创新

徐途琼　罗丹丹　熊秀梅

摘要：家庭幼儿园社区是幼儿教育的重要方面，本研究立足幼儿园教育实践，试图通过模式构建的方式探索"家、园、社区"合作的有效路径。本研究通过确立共育目标、建立决策机构，架构工作机制、保障机制等，探索需求之上的"家、园、社区"合作共育模式的构建，并通过"建设一个中心，两个活动区""建设两大育人内容""推进三个资源共享""施行四个基本策略"等实践，探索"家、园、社区"合作共育模式下有效的行动方式。本研究在区域内取得了一定的成效，并提出了有效构建合作共育模式的建议。

一、家庭、幼儿园与社区"三位一体、合作共育"实践模式探究背景

（一）儿童早期的一体化教育大势所趋

0~6 岁儿童教育一体化正在成为世界趋势，在经济合作与发展组织（OECD）"强壮开端"计划中指出，家庭以及社区的融入是提高儿童早期教育质量的五项重要指标之一。国内外的幼儿园越来越重视对家长、社区资源的利用和开发，积极吸引家长、社区参与幼儿园教育。"家、园、社区"合作共育也受我国政府高度重视。早在 2003 年，国务院办公厅转发了教育部等中央十个部门签发的《关于幼儿教育改革与发展的指导意见》的通知，明确提出"根据城乡的不同特点，逐步建立以社区为基础，以示范性幼儿园为中心，灵活多样的幼儿教育形式相结合的幼儿教育服务网络。为 0~6 岁儿童和家长提供早期保育和教育服务。"同时，《幼儿园教育指导纲要（试行）》（以下简称《纲要》）中指出：幼儿园应与家庭、社区密切合作，综合利用各种教育资源，为幼儿发展创造良好条件[1]。2012 年颁布的《3~6 岁儿童学习与发展指南》中指出：家庭、幼儿园和社会应共同努力。2016 年颁布的《幼儿园工作规程》在第九章专门阐述了幼儿园、家庭和社区。在 2017 年 10 月召开的中国共产党第十九次全国代表大会上也提出：完善公共服务管理体制，推进社会组

织改革，按照共建共治共享要求，完善社会协同，公众参与等治理体系，激发社会组织活力，实现多方良性互动，促进社会事业的发展，实现中华民族的伟大复兴。可以说，国家在不同发展时期，紧密围绕社会发展需求，从行政层面对儿童早期的一体化教育提出了要求和实施意见。

（二）社会发展对优质早期教育的需求。

目前，3岁以下婴幼儿入托率低下托育机构不属市场监管部门监管范围，民政部门也不予登记备案，在旺盛的市场需求下，大量3岁以下婴幼儿托育机构处于无序经营状态，卫生和安全状况堪忧，质量参差不齐。而"能入园、入好园"更是广大家长的切实需求，全面普惠学前教育，实施优质早期教育成为当前发展的重点，也是难点，整合社区、幼儿园、家庭资源，建立全面、系统、生态的共育环境则是有效的途径和突破点。

（三）社区早期教育面临诸多问题，迫切需要建立联合服务体系。

有研究显示，"以社区为基础"的0~3岁婴幼儿社区早教服务责任主体不明确，各部门人员专业背景较单一，配合协作不紧密，社区早教发展水平低，社区教育主人翁意识薄弱，对社区建设提建议、提要求，自身缺乏"主人翁"意识以及建设社区的责任意识和行动。家长把孩子放进幼儿园后，往往把保育、教育都交给幼儿园[2]。本研究的研究主体所在区域为新建城区，随着新区建设的推进，人才引进带来人口急速暴增，对应的新建公建配套小区大量新增，硬件逐渐齐备但软件不足的状况逐渐明显。同时，行政区划从乡镇村转变为街道社区后，新组建的社区工作队伍和由村民转为居民的城市建设力量，高学历、高标准的家长对儿童早期教育、早期发展的高诉求，让社区的教育面临着全新而巨大的挑战，也对幼儿园的教育工作提出了从"幼有所育"到"幼有优育"的更高要求。

（四）建立"家、园、社区"合作共育模式，能促进幼儿园长足发展。

华阳幼儿园是四川省示范性幼儿园，成都市一级幼儿园，也是天府新区唯一一所进成都市教委认定的集团化幼儿园，起着领头示范的作用，肩负着推进新区学前教育共同发展的使命。现如今，天府新区华阳幼儿园教育集团包括，天府新区华阳幼儿园（共四个园区，分别是总园、西区分园、香山分园、沙河分园）、天府新区新兴幼儿园、天府新区合江幼儿园。华阳幼儿园作为集团龙头园，坚持"和而不同，差异发展"的理念，延续和传承集四个"一体化"管理、与新兴幼儿园、合江幼儿园开展"四共"合作，促进幼儿和教师的发展，园所办学质量的提高，助推内涵发展。一直以来，我园坚持家庭、幼儿园、社区"三位一体"的教育理念，通过区级、市级课题研究，立足幼儿园与社区实际情况，整合资源优化管理，积极推进家园共育。2017 年，华阳幼儿园参加了四川省社会科学"十三五"规划项目《城市 0~3 岁儿童早期教育社区支持体系构建研究》，2018 年立项四川省 2018 年体制机制改革试点项目《构建家庭、幼儿园、社区"三位一体"育人机制改革试点项目》。建构"家、园、社区"合作共育模式，对华阳幼儿园来说，不仅意味着幼儿园在社区开展丰富多彩的教育活动；为社区幼儿提供相关的教育指导，它还意味着幼儿园在自身可持续发展方面能够获得重要的动力和资源，能够发挥教育功能建立全面、系统、持续的教育生态圈。

落实《纲要》精神，让教育立足社会，服务社会是华阳幼儿园发展的目标。在实践过程中，华阳幼儿园重视与家长、社区联动开展教育活动。但是，如何将"家、园、社区"资源进行有效整合，最大限度发挥各方优势，建立起让孩子走向社区的平台，是需要思考解决的问题。幼儿走出家庭、走进幼儿园、融入社区、走向社会是其成长发展的需要，是教育培养人的过程和目标。

二、家庭、幼儿园与社区"三位一体、合作共育"实践模式探究研究综述

（一）国外研究现状

通过查找文献，发现在美国、英国、德国、以色列等国家，在早期教育共同体模式的建立过程中积累了较为丰富的实践经验。例如，美国的"早期开端教育计划"；英国的"确保开端"项目；以色列的启蒙教育。国际间的合作研究成果显著：以欧洲学前教育学会主席、英国伍斯特大学教授 Tony Bertram 和 Christine Pascal 所进行的研究较为有名，他们的国际研究小组包括了德国、英国、澳大利亚等国家的学者在内。该研究从理论和实践层面对建立以社区为基础的学前教育综合服务网络进行了探讨，其研究成果进行了国际推广。国外学者对家、园、社区合作教育内容进行了研究，如 E·L·埃斯萨在为儿童设计的自我概念课程中，根据儿童的不同年龄班要求，针对"身份及其关系、周围环境、运动、安全、健康、食物、交往"八个方面，形成了包含"社区及社区助手"的主题内容。英国幼儿园通过选用不同的形式与家长合作，保证了家长拥有了解幼儿园教育和孩子发展水平的知情权、社区资源使用的许可权、积资助教的参与权、反映幼儿园问题的投诉权，创建了幼儿园与家庭、社区共育的高级平台[3]。意大利的瑞吉欧教育中对幼儿园、家庭、社区也有一定的研究，在瑞吉欧人眼里，幼儿教育是全社会的事，不仅包括市长在内的政府力量介入到幼儿教育的管理中心，由教师、教学协同建设人员、研究者、家长等组成的社区咨询委员会，也参与幼儿教育的管理，充分体现了"全社会参

与幼儿教育"的独特风格[4]。日本 1990 年《幼稚园教育要领》指出，"幼儿的生活一家庭为主逐渐扩大到社区社会，幼稚园的生活要同家庭、社区生活保持密切联系，以利于幼儿的成长。"[5]一些西方国家从制度上予以了督促保障，例如美国在 20 世纪 90 年代实行《家长/家庭参与项目国家标准》，并在 21 世纪初修订这一文件，颁布《家庭与幼儿园合作国家标准》，形成了主要包括评价等级、使用指导、内容维度、目标和指标等方面更加科学的框架内容[6]。

（二）国内研究现状

国内学者从理论和实践层面对家庭、学校、社区合作共育模式进行了探讨和研究。在理论层面，陈鹏、刘阳（2016）在《构建"三位一体"生态学前教育模式的策略》中强调学前教育要融入以家庭、社区、幼儿园为教育生态体系的环境中，不能把学前教育等同于社区幼儿园的教育[7]。孙剑（2012）提出家庭、社区、幼儿园在发挥自身优势的同时，要注重建立良好的沟通机制，在不断学习与实践中完善协同教育体系[8]。白燕（2012）就亲子共育机制的价值、目标和内容进行了分析，以确保形成正向的教育合力来促进婴幼儿的发展[9]。徐涵（2017）在《日本社区学校"三位一体"共育模式研究》中指出，重视制度建设才能为学校、家庭、社区共同参与育人活动提供保障，共育模式的评价体系以及本土化运行是我国借鉴参考时需要考虑的问题[10]。张燕在《社区教育与幼教管理体制改革》中提到，从社区学前教育的角度来看，其服务的对象范围就不仅包括社区内从出生到入学前阶段的全体幼儿，而且包括他们的家长及社区全体成员[11]。从实践层面来说，有学者从学前教育的单一领域，如科学教育，对"家、园、社区"共育模式进行了探讨。田虹在幼儿园进行了有关幼儿科技教育模式的实验研究，通过实践建立了以幼儿园为中心，向社区、家庭辐射的科技活动教育网，提高了幼儿参与科技活动的主动性[12]。有学者围绕学校德育领域对"家、园、社区"共育模式进行了探讨，对学前阶段的合作共育模式也有借鉴意义。如谢慧从德育网络的目标要求、组织体系、实施原则、实施过程等进行了论述[13]。

（三）国内外研究述评

总体来说，国外的"家、园、社区"合作共育存在以下特点：①欧、美等发达国家对早期教育非常重视，早期教育共同体的建构相对成熟和完善；②国外注重家庭融入社区，在社区配备专业人士以服务和指导家庭教育。③国外对于教育共同体的研究重视立足本国特点的同时，也在加强国际间的合作。

从国内的文献研究来看，可以得出以下结论：①"家、园、社区"合作共育模式建立具有可行性和必要性；②"家、园、社区"合作共育模式的相关研究比较薄弱，存在领域非常局限，有待新的研究对这方面研究进行补充和完善；③无论是以幼儿园还是以社区为依托，目的都是整合资源以促进儿童的健康发展。以幼儿园为依托，让幼儿园的专业力量深入社区具有可操作性，值得研究者实践和探索。

对儿童来讲影响其发展的生态环境是多层次、多性质的，倘若仅仅关注其中的某些因素（如托幼机构），那么这种影响力只是局部的，甚至是支离破碎的，无法真正实现其促进儿童发展的目的。因此，尽可能将这些生态因素包容进来，是一个理想的选择[14]。因此，本研究将以幼儿园为依托，将幼儿成长的三个重要生态要素，即家庭、幼儿园、社区整合起来，探索建立合作共育模式，以促进幼儿的全面发展。

三、家庭、幼儿园与社区"三位一体、合作共育"实践模式初建

（一）家长、社区居民对社区早期教育有着迫切的需求

本研究遵循幼儿园、家长、教师、社区的发展需求及特点，主要采用调查法、行动研究法、案例研究法、文献法、经验总结法、访谈法等，以"整合研究力量、优化研究资源、提升研究能力、促进特色发展"为原则，开展形式多样、内容丰富的具有实践意义的研究活动。

国内外相关经验表明：依托社区提供 0～3 岁婴幼儿早期教育服务是发展趋势。与国内发达地区的社区相比，西南地区的社区总体呈现出较为自然、自发和松散的状态。正如蔡迎旗在研究中提到的那样："我国的社区建设还很不完善、规范，人民群众参与社区建设的意识和能力都不强……以社区依托，这种依托显然是虚弱而又靠不住的。"[15]

（二）基于幼儿发展需求的合作共育模式初建

在实施合作共育工作之前，建构合作共育模式的稳定的，具有程序性的框架结构是有必要的。无论在理论层面，还是在正式的合作共育操作层面都具有重要的作用。因此，研究组在前期调研和文献查阅的基础上对合作共育模式的框架结构进行了初建。本研究就合作共育的目标、决策机构、工作机制、保障机制以及评价机制等进行了思考，并将各要素整合起来，以期架构合理有效的运作模式。

1. 确立合作共育目标

合作共育目标是实施家、园、社区联合施教的出发点，也是检验共育模式是否达标的质量标准。它不仅决定了合作共育内容、方法，而且制约着合作共育的整个过程。依据教育部颁发的《0～6 岁儿童发展的里程碑》和《幼儿园

教育指导纲要（试行）》，本研究建立了目标要求：

婴幼儿早期教育的目标是，帮助孩子打好全面素质发展的基础，包括身体、智力、品德、审美、个性等方面的素质，其内容包括：健康教育、智力教育、品格教育、艺术教育、语言教育等。

2. 建立合作共育决策机构

以家长代表、社区代表、园长、教职工代表组成共育儿童中心委员会。共育儿童中心委员会对合作共育计划、活动等进行协商，并管理共育儿童活动中心；对共育儿童中心的幼儿园活动区、社区活动区进行管理。

3. 建立合作共育工作机制

共育儿童中心的工作机制就是一个高效执行目标指令的有效保障。工作机制具体说来包括课程建设、资源建设。课程建设是指针对幼儿园、社区儿童开展的，能够发展他们德智体美劳各方面能力的综合性课程。资源建设包括，条件资源和人力资源。人力资源指为实现合作共育目标而服务的人，包括社区工作者、幼儿园教师、家长、其他社会组织工作人员等。条件资源是为服务课程实施，服务孩子发展所提供的教育设施设备，场地等。

4. 建立合作共育保障机制

第一，组织领导保障。成立共育儿童中心组织机构，设立园长和社区书记为首的领导小组，设立共育儿童中心办公室。通过专门的组织机构来对共育工作进行指导，以保证早期教育共育工作有效开展。另外，以幼儿园为依托，以家庭为基础，以社区为拓展和外延，形成一个齐抓共管的合作共育模式，以更好地开展共育工作。

第二，制度保障。要有效构建家、园、社区合作共育模式，必须制定各项规章制度，以保障合作共育模式正常运转。制定《家、园、社区合作共育教学计划（方案）》《家、园、社区合作共育组织管理办法》《家、园、社区合作共育经费保障和管理办法》《家、园、社区合作共育基地建设管理办法》《教师参与合作共育相关规定》等一系列制度，并加以落实，形成良好的运行管理机制。

第三，经费保障。共育的过程中不可避免有教育投资和教育消费的过程。建构有效的合作共育模式，不能没有经费保障。场地的规划和布置，活动材料的购置，人员的服务补贴都需要相应的经费支持。"从社区角度讲，为幼儿教育提供力所能及的帮助。利用社区自然、人文以及其他资源为幼儿园教育提供帮助，并且在资金、政策等方面提供支持。同时组织各种专业教育活动，为社区家长提供多样的教育机会，使其更加了解幼儿教育，形成正确的教育观念，帮助幼儿园共同促进社区学前教育的发展。"[1]国家大力发展学前教育，对学前教育的经费投入越来越多，社区应在本模式中成为合作共育模式的经费保障主体。

第四，队伍保障。在构建"家、园、社区"合作共育模式的过程中，有一支水平高、能力强、素质高、经验丰富的指导教师队伍是关键。幼儿园拥有一批素质高、能力强的教师队伍。同时，幼儿园的家长志愿者队伍中，有一批高素质的家长，他们也是共育队伍中的有力补充。

第五，基地保障。相对稳定的合作共育实践基地，是开展共育活动长期地、稳定地发展的基础和有力保证，也是使"家、园、社区"合作共育走上相对规范化轨道，营造良好的实践环境的主要途径之一。华阳教育集团充分挖掘家庭、社区教育资源，因地制宜，遵循"共建、共享"的原则，从婴幼儿成长发展的需求出发，多途径参与共育共建基地。

5. 以评价反馈为过程控制

"家、园、社区"合作共育功能的实现，内在要求这个模式必须建立有效的评价控制系统。评价控制的过程既是一段合作共育行动的终结，又是一段新的合作共育行动的开始。评价反馈的职能是及时发现共育环节中的问题以及在必要的情况下调整方案和修订各项标准以更好地实现共育总体目标。共育儿童中心组织管理机构可以通过召开座谈会、访谈调研、发放问卷、第三方评估等方式来进行评价反馈。

以帮助婴幼儿打好全面素质发展为核心，成立共育儿童中心，利用保障机制，运行工作机制，实施评价反馈为育人总体目标服务的合作共育模式的基本框架。框架中的合作共育模式，强调以家庭为幼儿园教育、社区教育的基础、助手和补充，以幼儿园为家庭教育、社区教育的主体力量，以社区成为家庭教育、幼儿园教育的依托和延展，家庭、幼儿园、社区三者依照共育目标和内容，开展组织协作，运用保障措施在育人实践过程中形成良性互动的有机整体（见附图2-1）。

四、家庭、幼儿园与社区"三位一体、合作共育"实践模式下的具体行动

合作共育拥有复杂的网络结构。其中涉及"家、园、社区"三个合作主体的方方面面。因此，在行动初期，研究组有条不紊地进行阵地建设，打造一个中心、两个活动区。同时，研究组推进课程改革，将提升家长和教师的素养，作为课程改革的关键。在行动过程中，利用五类活动形式，共享三类资源，推进四种策略来促进行动的有序、有效实施。

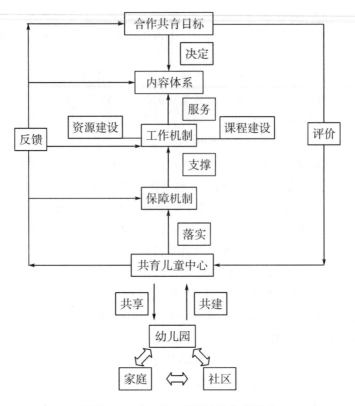

附图2-1 家、园、社区合作共育模式

（一）建设一个中心，两个活动区

1. 建设共育儿童中心

在研究开展初期，华阳教育集团与菜蔬社区合作在社区内建立了共育儿童中心办公室。共育儿童中心成了合作共育有效实施的决策机构。随后，成立了共育儿童中心委员会。委员会成员包括，华阳教育集团中华阳幼儿园、新兴幼儿园、合江幼儿园的园长；所在辖区分管教育的社区工作人员；幼儿园家长委员会代表和教师代表，他们共同组成共育儿童中心委员会成员。华阳教育集团和三个社区负责人共同签订了《共育儿童中心保障协议书》。在委员会的组织领导下，制定了一系列的管理制度，以保证共育儿童中心的顺利运行。例如，制定了《家、园、社区共育儿童中心资源共享制度》《家、园、社区合作共育人员岗位职责》《家、园、社区合作共育资金保障方案》等。

2. 建设共育幼儿园活动区和共育社区活动区

在共育儿童中心办公室的领导下，建设了两个活动区，为各项活动的实施提供阵地支持。建立了共育幼儿园活动区和共育社区活动区。活动区是专家、家长、社区居民、教师、婴幼儿共同参与活动的基地。幼儿园活动区是专门的一间房间，或根据活动需要临时增添的活动场地。在活动区，配备了必要的儿童游戏设备，包括玩具、图书、桌椅、黑板等。活动区是实践过程中相对固化的教育基地。研究组对活动区的建设不仅包括硬件设备的配备添置，还包括活动区环境的创设。幼儿园教育发展模式是以社区教育实践基地为平台，把社区中的各项资源与幼儿园教育结合起来，建立幼儿园与社区深度互动的教育生态，且在这个系统中幼儿园与社区是互惠互利、共同发展的[16]。社区活动区环境的创设在幼儿园老师的支持下，能够成为更符合婴幼儿延展学习的场所。教师、家长志愿者、社区志愿者会根据活动需要对活动区环境进行调整（见附图 2-2）。在家长参与、社区居民志愿者参与建设活动区的过程中，他们对幼儿学习环境的打造有了新的认识。

附图 2-2　家长志愿者打造幼儿园活动区环境

（二）建设两大育人内容

合作共育的内容是基于合作共育的目标打造的。合作共育的内容具体指向幼儿，但又不单纯指向幼儿。因为，教育者在合作共育模式中，是运转保障的重要力量。因此，在合作共育中，不仅要专注于建设针对幼儿的教育内容，还要着力打造提升教育者素养的课程内容。

1. 针对施教者的素养提升课程

家庭、幼儿园、社区是影响幼儿发展的三大环境。幼儿的学习不是独立建构的，而是在家庭、幼儿园、社区的相互作用过程中建构的，是在特定的文化背景中建构知识、情感和人格。因此，要充分重视幼儿与多方面的互动，真正做到"从儿童出发，以儿童发展为本"[17]。在本研究中，合作共育模式是以家庭为幼儿园教育、社区教育的基础、助手和补充，以幼儿园为家庭教育、社区教育的主体力量，以社区成为家庭教育、幼儿园教育的依托和延展，家庭、幼儿园、社区三者依照共育目标和内容，开展组织协作，运用保障措施在育人实践过程中形成良性互动的有机整体。

既然家庭、幼儿园、社区在幼儿成长的过程中都有不可替代的价值，那么如何才能最大限度地发挥好三方的教育作用呢？研究组认为，家长、社区代养人、教师的自身教育素养是发挥好其教育作用的关键所在。因此，将施教人员分成了家长、社区代养人、教师，他们为幼儿的成长提供着不同教育支持。

重视对教师专业性的培养，希望通过教师专业能力的提升来带动家长和社区代养人素养的提升。针对教师的课程内容主要包括：园本特色课程、五大领域基础课程、合作共育课程。

第一，园本特色课程研训。为了进一步促进华阳幼儿园教育集团健康优质发展，持续推进集团共享、共构、共育、共进的"四共"管理模式，以期让每个园区的教师都能接受集体内特色性发展的福利，集团定期召开名师巡讲、集团小组教研活动。在巡讲活动中，三个园区搭建了互助互帮、互学共进的平台，在实现优质资源共享的同时，还促进了集团内教师专业能力的提升。如教师们在听取合江幼儿园进行"巧用乡土材料丰富幼儿户外活动器械"的专题交流，新兴幼儿园进行"立足本园、聚焦儿童"的专题交流的基础上，分成研讨小组进行专题讨论（见附图2-3）。

附图2-3　华阳教育集团巡讲活动现场

第二，五大领域基础课程研训。集团内还开展常规的教育教学实践研讨活动。实践研讨的内容包括五大领域教育实践以及教师日常管理工作等。三个园区相互提供研讨现场，在展示自己的教育教学成果时，也得到更多的建议和启发。例如，观摩成熟教师的教育活动是帮助集团教师快速成长的重要途径。因此，集团会定期召开针对某个领域的观摩学习活动。以名师工作室牵头呈现教育活动现场是一种具体方法。例如，魏佳音乐名师工作室的老师为集团的教师呈现音乐教学活动现场，为大家展示音乐欣赏活动如何开展，如何实施，提升大家的音乐素养（见附图 2-4）。除了重视教师的专业提升，集团还重视幼儿园保育员的专业素养。因此，多途径促进保教配合，提高保育员的工作能力，也是幼儿园师资培训的重要内容。如以"户外体育活动"保教配合的过程为例，来指导保育员如何有效地配合教师指导孩子，护理孩子。

附图 2-4　华阳教育集团音乐教研活动现场

另外，作为天府新区龙头幼儿园的华阳幼儿园有丰富的专业资源，有省市级名师工作室，有各级各类展示交流活动。学前领域的专家成为华阳教育集团教师成长的引领者、护航者。例如，邀请相关领域教授定期来华阳教育集团带领教学骨干针对老师教学教育中的问题开展交流研讨活动。华阳幼儿园在亚洲年会上代表天府新区幼儿园展示学前教育的成果，这样的展示活动，既是对华阳教育集团教育成果的展示，又是对华幼教师的一次历练。

第三，合作共育课程。俗话说"授人以鱼不如授人以渔"，提升代养人的教育素养有助于帮助幼儿在家庭和社会中持续健康的发展，因此，研究组把针对代养人的合作共育课程纳入育人内容体系中。合作共育课程内容涉及儿童发展，亲子沟通，自我修养三大部分。幼儿园教师和家长作为儿童成长过程中的教育者，均在幼儿教育中发挥着重要作用，两者之间是平等的、相互配合与合作的关系[18]。为了更好地开展合作共育课程，研究组通过家长会、家长沙龙、一对一咨询、集体研讨、专家培训形式等形式让合作共育课程落地。例如，华阳教育集团邀请儿童教育专家为家长和社区工作人员提供"儿童心理健康专题讲座"，让家长和社区工作者了解儿童的心智发展过程，学习用儿童所接纳所喜欢的方式与他们进行沟通（见附图2-5）；华阳幼儿园教师组织家长沙龙，开展亲子阅读分享交流活动，以增强家长对早期阅读的重视，同时，引导家长之间互相学习，共同成长（见附图2-6）。

附图2-5　儿童心理健康专题讲座

附图2-6　家长早期阅读分享沙龙

2. 针对幼儿全面发展的园本课程

"家、园、社区"合作育人模式中的幼儿教育内容呈金字塔状。儿童随着年龄的增加，他们的发展需求也在增多。基础性的内容是普适性教育，为促进儿童的整体发展。对参与小学教育以前的儿童来说，家庭教育是主要的教育方式。虽然三岁之后孩子进入幼儿园，但是从儿童身心发展来说，家庭对孩子的影响起着决定性的作用。幼儿园具备专业的教育师资和场地，是家庭教育的重要支柱力量。因此，家庭和幼儿园是支持儿童获得基础性教育内容的主体力量。例如，涉及幼儿学习数学核心概念这一问题，从幼儿园层面来说教师要参照教材制定教育目标，设计教学内容。从家庭层面来看，家长在家里要和孩子玩数的游戏以支持孩子理解和掌握数学核心概念。再如，教师走进社区针对散居家庭开展亲子数学游戏活动，在指导家长获得教养策略的同时，也支持孩子的智力发展。

地域文化、地域环境对幼儿的发展有着重要影响。如何利用好天府新区的特色资源，养好这一地区的孩子是处于这一地区的"家、园、社区"需要共同思考的问题。因此，在基础内容之上，需要融入地域文化，利用地域资源设计特色教育内容。例如，要培养幼儿爱家乡的情感，幼儿园开展"我心中的公园城市"主题绘画活动，让幼儿在基于对社区、对新区观察的基础上，以家庭为单位绘制出天府新区公园城市的美景图，并展出分享。

促进儿童个性健康发展，让儿童成为最好的自己，就需要家、园、社区为儿童的个性化成长提供合适的教育内容。选择性内容要求合作共育三方根据儿童的自身发展需要提供多元化、适宜性的教育内容。例如，有的孩子语言表达能力强，喜欢在公共场合进行演讲。那么共育三方就可以根据孩子的成长需要为孩子创造更多更丰富的演讲平台（见附图2-7）。

以下，以华阳幼儿园大班组"我心中的公园城市——寻找最美城市建设者"主题实践活动纪实为例，来呈现幼儿参与的合作共育课程的内容、组织和实施过程。教师按照附图2-7所呈现的框架，结合幼儿对"公园城市建设者"的理解和认识进行主题内容拟定。主题活动内容划分成三部分：首先是基础课程部分，通过五大领域课程让幼儿了解自己生活的地方，了解家乡的风土人情；其次是特色课程部分，结合区域特色，让幼儿了解天府新区，了解天府新区的建设者；最后是选择课程部分，开展实践活动，让幼儿有更多的机会展示自己，发挥自己的特长（见附表2-1）。

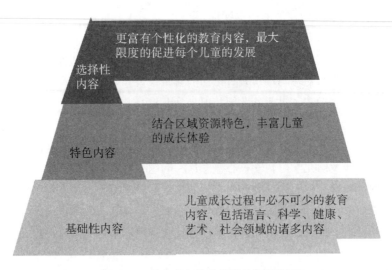

更富有个性化的教育内容，最大限度的促进每个儿童的发展

选择性内容

结合区域资源特色，丰富儿童的成长体验

特色内容

儿童成长过程中必不可少的教育内容，包括语言、科学、健康、艺术、社会领域的诸多内容

基础性内容

附图2-7　幼儿参与的合作共育课程框架

附表2-1　"我心中的公园城市"主题活动内容框架

我心中的公园城市——寻找最美城市建设者			
	基础课程	特色课程	选择课程
内容	1. 我的家乡 2. 我眼中的公园城市 3. 各行各业的人	1. 美丽的天府新区 2. 我在公园城市里 3. 采访城市建设者	1. 公园城市义卖画展 2. 争当最美建设者

　　根据内容框架，教师组织幼儿有序开展活动。例如，为了了解城市建设者，孩子们走上街道，走进公园、学校、工地去寻找最美城市建设者，对他们进行采访拍摄。灵灵在天府中央公园看到了正在巡逻的警察叔叔，她认真地采访叔叔："叔叔，请问您的工作职责是什么？"当当来到华阳中学，采访快要退休的老教师："老师爷爷，请问您教哪一门课程？教大哥哥大姐姐您觉得幸福吗？"一声声稚嫩的童声，一句句真诚的话语，无不透露着华幼宝贝对默默奉献的城市建设者的尊敬和感谢。

　　可见，幼儿园已经不是教学的唯一资源，幼儿生活的整个区域中的人和物都有可能有机会成为教育的资源。城市中的建设者与幼儿进行的互动，让幼儿有更真实的感官体验，让他们对城市建设者的认识更加深入。

　　（三）采用五类活动形式

　　资源建设是促进合作共育工作机制有效运转的重要部分。通过丰富的活动形式，让资源建设这项工作落地，有助于合作共育满足各方需求，有助于合作共育见成效。因此，研究组尝试通过专题讲座、实践活动、育儿保健服务、家庭联络会和网络推送五种活动形式来促成合作共育的有效实施。

1. 专题讲座

华阳教育集团拥有一批高素质的专业教师。集团根据教育培训内容选派老师进行专题讲座，教师结合带班实际经验，具体生动地给社区居民和家长进行培训。例如，华阳幼儿园徐途琼园长给家长、社区代养人开展了关于"早期教育对儿童的奠基性作用"的主题培训，让家长了解早期教育对婴幼儿发展的重要性。欧阳冰洁副园长，给家长、社区代养人开展了关于"儿童生命安全教育"的主题培训，帮助家长提升安全意识，提高代养能力。同时，社区卫生服务中心的儿保医生、社区民警在共育儿童中心的邀请下，走进幼儿园活动区，走进社区活动区为教师和家长提供相关领域的培训和指导。总之，利用多方人力资源提升教师和家长的教育能力，是促进婴幼儿成长的有效途径。

2. 实践活动

华幼教育集团根据共育儿童活动中心计划，充分利用社区中的教育资源来拓展幼儿学习的空间，让幼儿学会关心社会、关注社会、融入社会。实践活动包括走进武警校、走进小学、慰问社区敬老中心等。同时，华阳教育集团在社区的支持下，为社区家庭提供丰富有趣的亲子活动，邀请社区家长来幼儿园参加区域亲子游园活动，在幼儿园活动区开展亲子早教课程活动等。

以警幼互动活动为例，来呈现合作共育过程中的实践活动。警幼互动活动是华阳教育集团借助社区力量支持幼儿教育的特色课程。临近毕业的大班幼儿，走进军营，了解警员叔叔严谨、认真的工作和学习态度；观察警员叔叔讲规则，守纪律的工作学习情况；学习警员叔叔，刻苦训练、保家爱国的高尚品格。这样的学习实践有助于幼儿的规则意识，任务意识，生活习惯的培养（见附图 2-8）。

警幼互动实践活动不仅让孩子在亲身体验的过程中，获得身心发展。教师也这个过程中体验到合作共育对幼儿成长的重要价值。教师在指导幼儿参加完警幼活动实践活动后这样总结道：孩子们走出校门，进入军营，他们看到了武警叔叔真实的训练场景，看到了他们生活和学习的地方。这样生动真实的军营体验，是老师无法用教学图片或是视频替代的。武警学校的场所、建筑，官兵的模样和状态，都给了孩子们丰富的感官刺激，增长了孩子们的成长经验。另外，孩子们在武警学校表演舞蹈"小飞马"，充分地展示了孩子们活泼可爱，积极向上的状态，孩子们在武警官兵的掌声中增添了许多自信。老师在课堂上讲道：武警官兵训练的不易，武警官兵有严明的纪律，小朋友要向他们学习，这些信息对于孩子米说都是间接的知识经验。孩子们走进官兵的寝室，看到叔叔们摆放整齐的内务；孩子们走在操场上，看到叔叔们队列整齐的行进；孩子们坐在操场边，看到叔叔们认真勇敢的展示擒拿技能……这一切，都能让他们直接感受到武警官兵是能吃苦、能战斗、有担当的人。

附图 2-8　幼儿走进军营参加活动

3. 育儿保健服务

在社区 0~3 岁婴幼儿早期教育中，家长更加关注儿童的身体健康状况。因此，幼儿园保健室会定期组织教师志愿者到社区帮孩子量身高体重，检测孩子的发育情况。另外，通过向社区散发宣传册，育儿手册等对家长的育儿保健知识进行提升。除此之外，华阳教育集团会邀请营养师、育婴师（家长志愿者团队成员）进社区开展一对一咨询服务。

4. 家庭联络会

华阳教育集团根据共育儿童中心活动计划，会定期组织家庭联络会。家庭联络会场地主要是两个活动区。教师会围绕一个主题，让专业教师带领家长进行讨论。在组织家长分享讨论的过程中，帮助家长理清问题，获得操作办法。比如，结合新生入园后的进餐问题，设计了一期以"如何培养独立的孩子"为主题的家庭联络会（见附图 2-9）。

案例：家庭联络会实录

时间：2018 年 4 月

地点："菜蔬社区"儿童共育活动区

主题：如何培养独立的孩子

小班的孩子入学有一段时间了，可是部分孩子还不会自己拿勺吃饭，独立能力较差。根据研究显示，孩子1岁之后家长就可以培养孩子独立进餐了，但是孩子入学后的表现显示，家长在这一问题上做得不够好。于是，举小一期以"如何培养独立的孩子"为主题的家庭联络会。

附图2-9 "草根专家"参与家长沙龙活动

欧阳老师（教师主持人）：今天来参加家庭联络会的家长都是对"如何培养独立的孩子"这一话题感兴趣的。今天讨论如何培养孩子独立进餐，你们说说自己家孩子的表现和你的做法。

家长1：我的孩子1岁9个月，她还没有自己吃过饭，都是我喂。

家长2：我的孩子2岁半了，总是不好好吃饭，我担心他上幼儿园啊。

家长3：我的孩子1岁11个月，跟你们一样的问题。

家长4：我的孩子2岁，饿了自己吃，不饿追着喂。

家长5：我的孩子1岁2个月，总是自己拿勺子，弄得到处都是。

家长6：我的孩子2岁2个月，自己会吃，但是我喂的时候吃得更好。

……

欧阳老师：每个孩子吃饭的问题都不一样，那到底能不能培养吃会独立吃饭的孩子呢？研究显示，其实1岁左右就可以锻炼他们自己拿勺了，你们去做儿保的时候，大夫会跟你们说吧。但是怎么就做不到，做不好呢？

家长7：家里有老人不好弄。

家长8：之前我们家老人也不配合我，我吓唬她说，现在不锻炼，上幼儿园就会挨饿。得想办法让他们听父母的。

欧阳老师：前几天，我们在网上推送了一篇文章说的就是孩子不自己吃饭，是因为家长懒，懒得打扫"战场"。

家长3：的确有这个原因。

……

欧阳老师：儿童独立性发展受父母的教养方式影响。民主型的教养方式特征是把鼓励、支持和适当的要求和限制相结合，培养出的儿童就表现出做事依靠自己，能按外界要求调整和控制自己的行为，在遇到外来影响时能够坚持自己的观点，表现出较高的独立性水平。引导家长改变教养观念、调整教养方式，才能达成培养幼儿独立性的目的。有时候家长总是把握不好支持和限制的度，支持过度就转成溺爱型了，限制过度就转成专制型了。

经过一番讨论后，家长对如何培养孩子独立进餐有了明确的认识。在联络会中，家长们也互相支招，互助解决问题。个别家长还互加微信，要成为教养合作伙伴，准备找个机会带着自家老人去看看别人家孩子是怎么吃饭的。

5. 网络推送

在信息化时代里，在线沟通更能让合作共育服务更加快捷有效的操作实施。共育儿童中心建立了面向社区家长的教育资讯推送平台。家长在平台中除了可以了解到各种优秀育儿微信公众号、优秀育儿文摘，及时了解共育儿童中心活动信息外，还可以就自己在教养过程中遇到的问题，向平台留言，请求帮助。

（四）推进三种资源共享

合作共育是指家庭教育与社区教育和幼儿园教育的一种配合教育方式，它不是幼儿园教育和家庭教育的简单相加，而是一种 1+1+1>3 的合作教育模式[19]。本研究中的合作共育主题不是一个幼儿园、一个社区和其所属的家庭，而是一个教育集团下的多个幼儿园、区域化的社区和其所属的家庭，因此，推进区域特色资源共享、人才资源共享、课程资源共享尤为重要。

1. 区域特色资源共享

社区资源包含各项物质资源、人力资源和文化资源[20]。丰富的地域文化资源能给孩子的成长创造更好的环境，提供更好的物质支持。以华阳教育集团三个幼儿园为主体参与的合作共育模式建构的实践研究，所涉及的地区不仅是华阳街道，还包括新兴街道和合江街道，这两个街道地处丘区。随着天府新区的发展，这两个"镇转街"地区，虽然有了新的产业，但是原来的特色依然有所保留。例如，新兴地区的土窑工艺和合江地区的草莓基地就是当地社区的特色资源。这些资源已经被利用到这两所幼儿园教育中。在合作共育程实施后，华阳教育集团进行了课程资源整合，三个园区、社区资源进行共构、共享，华阳幼儿园的孩子也可以参观草莓园，也可以了解土窑的制作过程。

2. 人才资源共享

师资队伍以及共育模式中的其他人力资源是合作共育模式运行和实施的重要支持。共育儿童中心建立了教育专家资源库，家长志愿者人才资源库，教师人才资源库，社区志愿者（企事业单位可以支持教育工作的人）人才资源库，见附图2-10至附图2-11。华阳教育集团、社区家庭可以根据需要向共育儿童中心申请联系相关人员参与活动。

附图2-10　共育儿童中心专家团队　　附图2-11　共育儿童中心教师志愿服务团队

3. 课程资源共享

课程（活动）是育人的载体。华阳教育集团三所幼儿园各有特色，华阳幼儿园作为龙头幼儿园对育人课程进行整体架构，其他两所幼儿园根据自身特点进行补充和完善。华阳幼儿园提供警幼互动课程、文明礼仪课程、感恩实践课程等；新兴幼儿园提供土窑制作课程、乡土材料体验课程、种植课程等；合江幼儿园提供草莓园体验课程、亲子田园体验课程、田园小镇生态观光课程；等等（见附表2-2）。共育儿童中心建立课程资源库，为系统、有效的开展各种活动提供保障。研究组汇总并筛选各园所拟定的课程资源，形成了合作共育课程共享资源库，让一家资源，变成区域化资源，让共育的力量更大，让更多的孩子受益。

附表2-2　共育课程资源节选

华幼共育课程资源	新兴共育课程资源	合江共育课程资源
警幼互动课程	土窑制作课程	草莓园体验课程
文明礼仪课程	乡土材料体验课程	亲子田园体验课程
感恩实践课程	种植课程	田园小镇生态观光课程

（五）施行四个基本策略

为了实现合作共育的目标，研究组践行了四个基本的推进策略。合作共育要讲方法，要有途径。总体来说是，加强三方联系，增强各方力量，整合三方资源。

1. "家、园、社区"三方建立合作共育关系

在模式建设初期，三方的角色定位就是以家庭为基础，以幼儿园为主体，以社区为依托，虽然角色定位不同，但是三方在共育中的地位是平等的，它们共同为孩子的成长付出努力。例如，幼儿园通过家长会、家长学校的形式，为家长、社区代养人开展教育宣传活动，让家长明确自己的教育作用。家长是幼儿的第一任老师，他们所获得的教养方式直接印记在孩子成长中。因此，幼儿园尊重家长，强化与家庭之间的沟通，让家园共育保持一致性。孩子是一个社会人，家庭、幼儿园、社区是婴幼儿成长的最初的社区圈子。社区居民的素养，社区环境的好坏影响着孩子的发展。因此，社区重视通过幼儿园的专业支持来帮助提升社区代养人的教养水平，提升社区居民的整体素质，形成良好的社区文化风貌。

2. 引导家长挖掘自身潜在的教育资源

首先，幼儿园引导家长发现自身优势。在入学信息表中，就有"家长特长或优势"这一栏信息，家长认真填写后，考虑是否愿意将自己的优势通过家长志愿者的方式发挥到幼儿园教育和社区教育之中。教师会根据家长填报的信息进行整理筛选，帮助有意愿的家长适时的发挥自身优势。有的家长不能及时发现自身的优势，就需要教师进行引导。比如，一名武警军官爸爸认为自己没有什么教育资源，但是老师请他穿上军装作为护旗手参加新学期升旗护卫队员时，他就明白作为军人爸爸的教育资源了。其次，教师引导家长参与幼儿的主题活动，如在新学期的"公园城市"主题活动中，老师请家长带着孩子记录美丽的社区公园。放学之后，家长就带着孩子到社区公园去观察去记录。家长的支持成为幼儿学习的延续。同时，让家长中的专业人士参与到教师培训和家长互助培训中。中班的一位家长是国际注册礼仪培训师，她来园对华阳教育集团教师做系统的礼仪培训。在这些活动中，家庭资源是幼儿园和社区活动中不可忽视的一个重要资源（见附图2-12）。

附图 2-12　家长中的礼仪培训师

3. 加强幼儿园和社区教育资源的整合共享

《纲要》中指出："从社区角度讲，为幼儿教育提供力所能及的帮助。利用社区自然、人文以及其他资源为幼儿园教育提供帮助，并且在资金、政策等方面提供支持。同时组织各种专业教育活动，为社区家长提供多样的教育机会，使其更加了解幼儿教育，形成正确的教育观念，帮助幼儿园共同促进社区学前教育的发展。"[1]本研究中社区资源的开发、利用和共享体现在：幼儿在成人或教师的陪伴下参观社区内的果园、医院、小学和企业等，以丰富幼儿的生活经验；教师带领幼儿走进社区参与植树活动，参与敬老、孝老活动；幼儿园将社区专业人员请进课堂，请进讲堂等。定期邀请社区民警对教师和家长进行安全培训，如向教师宣讲防骗防盗安全培训，向家长宣讲儿童防拐、防走失安全培训，向幼儿讲解自我保护的方法（见附图 2-13）。

4. 利用多种途径加强家庭与社区的沟通

家庭是社会构成的基本单元，社区为家庭教育提供丰富的教育资源。在合作共育模式中，家长和社区应该有意识地加强沟通，促进幼儿的全面发展。之所以家庭教育离不开社区的大环境，是因为孩子每天往返于处于社区的家庭中。社区里有孩子成长过程中所遇到的最初的小伙伴和大伙伴。因而要让社区的环境与孩子的成长"对话"；让社区的活动与孩子的成长"对话"；让社区的文化与孩子的成长"对话"。比如，社区居委会与幼儿园联合或者在幼儿园专业指导下定期或不定期开展有趣的亲子活动，加强社区中家庭与家庭、幼儿与幼儿之间的相互联系，为幼儿健康成长创造良好的环境（见附图 2-14）。

附图2-13　社区民警进班级

附图2-14　社区亲子活动现场

5. 构建区域教育共同体

　　本研究中三方力量之一的幼儿园，并不是华阳幼儿园一所幼儿园，而是教育集团引领下的三所不同街道社区的幼儿园。在集体化教育联动下，不仅在幼儿园教育教学活动中开展联动，而且在幼儿园与家庭、社区工作中开展联动。区域资源应该区域共建、区域共享。华阳教育集团把合作共育工作纳入每年的集团联动工作中，在园所间形成共育共识，在园所所在区域中共享共育资源。每季度共育儿童中心办公室都会邀请集团领导、教师、社区工作人员、社区单位代表都会开展座谈交流活动，以建立沟通交流的平台（见附图2-15）。

附图 2-15　集团领导与社区代表座谈

五、家庭、幼儿园与社区"三位一体、合作共育"实践模式建构的成效

经过充分的实践探索，华阳教育集团逐渐探索出一条适合集团化管理的共育模式。在按照合作共育模式探索实践的过程中，家长、幼儿园、社区、幼儿都成了合作共育的受益方。在研究组看来，无论是从各方观念上，还是从实践操作上，或是社区影响度上，参与书的主体们都取得了不错的成绩。

（一）合作共育理念达成了共识并得到了强化

在"家、园、社区"共育目标指引下，研究组所在社区形成了关注婴幼儿教育的意识；强化了"家、园、社区"合力共育的理念。家长参与幼儿园活动、社区活动的次数增多，热情度增加，亲子间互动的有效性也增加了。实施半年后，通过访谈听到了家长、社区、教师这样的反馈：

家长 1：我周末特别喜欢带着孩子去社区活动区，活动区里有他的小伙伴，大家可以在一起看书玩玩具。如果周末遇到下雨，里面的小孩子更多，如果活动区能增多就更好了。

家长 2：我把老大送到幼儿园之后，我喜欢带着老二去社区活动区，在活动区我认识了许多家长朋友，建立了自己的圈子。有时候突然有事，比如拿个快递离开几分钟，还可以在活动区里找个家长朋友帮我看一下。

家长 3：我特别希望幼儿园开放幼儿园活动区。每次去的时候，孩子都特别喜欢，能看看哥哥姐姐游戏，他也很开心。老师给我上有趣的亲子课，我觉得也很不错，如果次数再多一些就更好了。

社区：社区组织孩子一起放风筝，邀请幼儿园老师带着一起制作，然后一起在南湖放风筝，大家在一起特别开心。

老师：最开始林林爸爸认为他把孩子送到幼儿园就可以了。直到有一次我邀请他用树叶教孩子做绘本故事，他才发现他自己对幼儿教育有很大作用。让家长参与活动，是非常直接有效地让家长了解幼儿园教育的方式。

通过访谈发现，家长特别喜欢共育儿童中心建立的活动区。无论是幼儿园活动区还是社区活动区都让家长感受到共育理念下，教育的巨大收益。而社区工作人员看到社区活动对家长的帮助，对孩子成长的帮助也非常有成就感。

（二）形成了区域特色的活动品牌

品牌就是名片，是体现地区特色、地区影响力的最好标志。在共育过程中，充分结合区域特点，开展参与性强、影响力大的活动。例如，实践性活动有：警幼活动之走进武警校活动；文明礼仪小天使之小主人和小客人活动等（见附图2-16）。在走进武警校活动中，武警校为区域内的大班幼儿提供了参观学习的平台。设计成熟的警幼互动方案，让幼儿的孩子在参观武警校的过程中有所收获。幼儿园的孩子来源于家庭，在获得幼儿园教育之后又回到家庭中，"小主人和小客人"活动就是让幼儿将文明的风貌在主客接待中展示出来。实践研究开展以来，各活动区已先后举办各类讲座10余场，累计参与听讲人数近2 000人次，将区域特色融入主题活动中，举办合作共育文化艺术节、雷锋志愿团队活动月、亲子游戏活动月，组织教师、家长志愿者深入社区开展各类志愿服务，这些品牌活动得到了片区居民的广泛关注。

附图2-16　"小主人和小客人"文明礼仪系列活动现场

"家、园、社区"合作共育工作也得到了社会的认可。例如，新区的家庭教育工作会在华阳幼儿园召开。华阳幼儿园代表华阳教育集团就"家、园、社区"区域性品牌活动经验进行了分享（见附图2-17）。华阳幼儿园承担的区级项目"幼儿园家长志愿者活动开展的实践研究"顺利开展并结题。通过与家庭、社区合作,华阳幼儿园被评为安全教育实验区"全国示范学校"。

附图 2-17　成都市天府新区家庭教育工作会在我园召开

(三)华幼教育集团得到了社会的广泛认可

1. 形成一定社会效应

自合作共育模式运行以来,华阳教育集团努力调动家庭、社区的共育积极性,通过联合开展丰富多样的共育活动来支持幼儿的发展,来促进家庭和社区的进步。幼儿园在合作共育中所付出的努力也陆续得到了来自家长、社区的积极反馈和充分认可。

上级教育主管部门和学前专业领域组织机构等通过给集团幼儿园授予示范性荣誉牌的形式来表彰和鼓励幼儿园在合作共育中所做出的努力。例如,全国家园共育实验基地工程委员会授予华阳幼儿园"全国家园共育实验基地";成都市教育和成都市环保局授予华阳幼儿园"成都市环境友好型学校";社区中职学校通过与集团幼儿园签订合作协议并授予合作基地牌的形式来认可幼儿园在辅助培养学前中职学生中所做出的贡献;四川省教科院德育与心理健康研究所对我园创建"成都市家庭教育示范园"进行了评估验收等(见附图 2-18)。

媒体"天府社事""天府华阳"微信公众号对华阳教育集团的合作共育从不同层面进行了报道(见附图 2-17)。比如"天府华阳"对华阳幼儿园联合天府新区治安支队、华阳派出所开展反恐防暴实战演习进行推送,华阳街道各中小学安全管理人员代表也到场进行了观摩;"天府社事"对华阳教育集团的合作共育工作进行了近30余次的推送,推送的内容包括,家园共育的新形式,新内容;社区联系的新途径、新纽带;等等(见附图 2-20)。

附图 2-18　成都市家庭教育师范园评估现场

附图 2-19　华阳街道对华阳教育集团开展联合安全演练的报道

附图 2-20　合作共育事件的微信公众号推文

2. 加强了师资队伍建设

在以幼儿园为依托开展"家、园、社区"合作共育的工作中，教师是关键，是中流砥柱。教师在其中发挥的专业性引领作用得到了家长和社会的认可。家长通过与老师的面对面交流、班级腾讯 QQ 群、家长微信群、短信聊天等形式来表达对教师工作的感谢（见附图 2-21）。

附图 2-21　家长对教师的感谢

3. 促进了幼儿个体发展

幼儿的发展是合作共育的根本性目标。在家长、社区的共同支持下，幼儿的学习资源得到丰富，展示平台得以拓展。幼儿积极正向的发展是对幼儿园工作的最有力的肯定。百余幼儿在不同级别的亲子绘画比赛中获奖，数十名幼儿在天府新区举行的亲子童谣创作比赛中获奖。集团幼儿参加成都市啦啦操比赛均获一等奖，并代表幼儿园参加街道、新区的各类展演活动。

4. 助推了家园合作共育

一方面，一些家长拥有较高的教育素养，他们非常愿意参与到幼儿园的活动中。他们积极加入园级家委会，班级家委会，用自己的力量带动身边的家长关注教育，配合和支持幼儿园教育。而且家委会成员认真履行自己的职责，为班级的活动出谋划策，家委会的工作也得到了家长们的认可。另一方面，部分家长成为华阳教育集团的家长志愿者，他们在某些领域卓有建树，在幼儿园和社区的支持下，他们有更多的平台将自己的专业知识传播出去。例如，聘请家长中的心理咨询师为家长和社区居民讲解如何与孩子进行有效沟通。

（1）搭建了多个共育服务平台，促进了婴幼儿发展

①家园共育平台。通过实践研究，家庭和幼儿园之间的联系更加紧密。幼儿园里的各级家园会，成为家长和幼儿园联系的桥梁。家长会、亲子活动、家长进课堂、家园实践等共筑了家园共育平台。

②家庭、社区共育平台。社区和幼儿园建立的活动区是婴幼儿固化的活动场所；社区单位，社区组织机构为生成的共育活动提供了新的、更丰富的活动场所；社区内其他有利于施教的场所是"活"的教育环境。它们共同形成了家庭、社区共育平台。

③家庭之间互助共育平台。在共育儿童中心设立家庭档案，方便家庭之间的互助交流。推荐家长进入家庭网络互助群，及时分享育儿信息，掌握先进的育儿理念。

④网络共育平台。共育儿童中心建立微信公众号，不定时向社区居民、家长推荐互动信息和育儿信息。半年以来，推送育儿信息共计50余条，回复家长的疑问共计40余次。

（2）促进了两支队伍的发展

其一，促进了教师队伍的专业化发展和志愿服务意识的提升。通过参与建构合作共育模式的实践研究，教师将教学的场地从幼儿园扩大到了社区，为了更好地参与实践，集团选送多位教师参与亲子教育培训，让教师能为0~6岁的儿童提供支持和帮助。华阳教育集团的每一名教师都是共育儿童中心的志愿

者，她们利用自己的休班时间参与活动，为合作共育贡献自己的力量。华阳教育集团教师参与社区共育服务次数达 20 余次。

其二，促进了家长志愿者队伍的发展。家庭是幼儿园教育的重要资源。华阳教育集团有家长志愿者共计 200 余位。为共育儿童中心的活动志愿服务共计 60 余次。共育儿童中心不仅有华阳教育集团的家长志愿者，还有社区 0~3 岁婴幼儿的家长志愿者。社区家长志愿者共计 30 余位，参与志愿服务次数共计 20 余次。

六、家庭、幼儿园与社区"三位一体、合作共育"实践模式运行反思

合作共育模式虽已基本建成，研究组也在探索实践中获得了许多宝贵经验，但是，离理想的、协调的、共享共建的合作共育模式仍然有一段差距。研究组对整个行动研究进行了认真梳理，反思回顾，发现"家、园、社区"合作共育工作存在以下三个方面的问题。

（一）"家、园、社区"三者之间的合作共育工作责任分担机制不完善

在现有的"家、园、社区"合作共育模式中，幼儿园教师的教育工作繁多，教师的感觉是活动多、任务重、要求高。而家庭教育显得参差不齐，大部分父母忙于生计，孩子的教育只能由老人照顾。社区在进行教育实践时表现得很被动。在教育实践中，幼儿园、家庭、社区协同共育存在单向特点，即幼儿园是权威者、主导者，教师"指挥"着家长、社区参与共育，但较少考虑家长、社区的需求；家庭、社区是参与者、支持者，被动配合着幼儿园的共育，但缺乏主动性和主导权，缺少主体意识[21]。责任划分不当、分工不明，使得合作共育的成效还有很大的提升空间。因此，家庭、幼儿园、社区应该发挥各自不同的作用，并不断完善三者的协作机制。

（二）社区教育多形式，少内容

在现有的"家、园、社区"合作共育模式中社区本来有着丰富的资源，其教育的功能本来可以更好地发挥，但是由于社区教育作用认识不足、条件有限，造成了社区教育在现有合作共育模式中存在形式多，内容少的问题。例如，孩子们到社区参加环保活动，就局限于为社区捡垃圾。孩子们感受社区的文化建设，就局限于参与社区的文艺演出活动等。其实，社区教育的场所、设施并不仅仅局限于此，社区要寻找教育素材，深挖教育内容，避免社区教育形式化。

（三）家长文化水平不高，自我提升意识不强

天府新区成立之后，随着城市化建设，原来的乡村变成了城镇，大部分家

庭是拆迁户，家长自身的文化水平不高，对孩子教育的重视程度不够。虽然华阳教育集团重视家园共育工作，努力带动家长参与幼儿园教育，利用多种途径提升家长的教养水平，但是受家长自身文化水平的限制，家长自我提升的意识很弱。在开展合作共育时，家庭的教育力量较弱。

七、有效构建合作共育模式的建议

促进合作共育工作更加有效开展，举三方之力支持和保障幼儿的健康成长，是"家、园、社区"共同的目标。在实践中，发现合作共育是幼儿园教育、社区教育、家庭教育的大趋势，举多方之力解决好合作共育工作中的问题，让合作共育良性运作是当务之急。因此，在查阅文献、研究讨论、咨询专家的基础上，提出了有效构建合作共育模式的建议。

（一）加强政府导向，建立健康科学合理的管理机制

以幼儿园为主体的社区早期教育，较理想的前提应是在"政府统筹领导、教育部门主管、社区积极支持，幼儿园实施、群众广泛参与"的思路下运作，形成以幼儿园为中心，以社区为伙伴，以家庭为服务终端的社区早期教育服务网络，为所在社区的居民和 0~6 岁婴幼儿服务，促进婴幼儿家长及看护人科学育儿水平的提高[22]。就我国社区教育而言，存在起步晚，制度不健全，资金支持不够等问题，因此造成了政府社区教育职能短缺，这样才不得不考虑以幼儿园为主体发展社区早期教育。所以，从根本上讲，要切实推动社区早期教育的发展还要依靠政府的重视和支持。政府应该把社区早期教育纳入本地区的教育发展规划，引导和支持社区幼儿园开展普惠性早期教育工作，充分发挥行政职责，为幼儿园和社区提供相应的资金支持和政策支持以保证幼儿园有能力参与到社区早期教育中。

（二）社区应该高度重视并努力完善社区教育职能

在合作共育模式中，社区不仅仅只是提供平台，整合资源，还应该落实自身的教育基本任务。例如，设置专门的社区教育工作者，自主组织社区早教活动，社区儿童假日陪伴活动等。社区作用发挥好了有助于推动和谐社区、和谐社会的发展，营造文明友爱的社会氛围。社区应该深入挖掘可供本地区幼儿体验、操作、发展的教育资源，并与幼儿园合作开展有趣生动，能促进幼儿发展的活动。而不是，为了活动而活动，为幼儿提供的活动仅仅停留在形式上。

（三）提升家长的育人责任意识

家庭作为合作共育的基础，应该主动提升家庭教养质量，积极参与幼儿园、社区开展的学习活动，同时注重在教养过程中的自我学习，自我反思，以

更好地融入合作共育模式中。鉴于天府新区目前存在原生农户拆迁家庭转为城镇居民家庭以及新引进人才落户家庭的情况，幼儿园和社区应该注重分类引导，力求共同进步，整体提升。例如，幼儿园和社区可以向家长多推荐先进的育儿理念，可以根据家长的需求开展相关培训，以提升家长的教养水平。社区可以创办家长学校，通过成人教育，提升中青年人的整体素养。

参考文献

[1] 教育部基础教育司. 幼儿园教育指导纲要（试行）[M]. 2版. 南京：江苏教育出版社，2002.

[2] 金艳. 利用社区资源，借助家园合力，促进幼儿全面发展 [J]. 学前教育研究，2007（7）：126-128.

[3] 李生兰. 英国幼儿园与家庭、社区合作共育的特点及启示 [J]. 学前教育研究，2004（3）：54-57.

[4] 宋睿. 家、园、社区合作共育的实践研究 [D]. 南京：南京师范大学，2008.

[5] 李生兰. 融入社区：各国学前教育之共识 [J]. Early Education，2002（9）：28-29.

[6] 张鸿宇，王小英. 协作走向合作：美国家园合作关系国家标准的新发展 [J]. 基础教育，2017，14（1）：104-112.

[7] 陈鹏，刘阳. 构建"三位一体"生态学前教育模式的策略 [J]. 陕西学前师范学院学报，2016（10）：104-112.

[8] 孙剑. 幼儿园、家庭、社区协同教育模式探究 [J]. 产业与科技论坛，2012（11）：13-16.

[9] 白燕. 试析婴幼儿家、园、社区共育机制建设 [J]. 学前教育研究，2012（1）：80-83.

[10] 徐涵. 日本社区学校"三位一体"共育模式研究 [J]. 上海：上海师范大学，2017.

[11] 张燕. 社区教育与幼教管理体制改革 [J]. 学前教育研究，2004（1）：49-50.

[12] 田虹. 构建家、园、社区三位一体的幼儿科技教育模式 [J]. 黑龙江教育，2003（7）：88.

[13] 谢慧. 学校、家庭、社会三维互动德育网络初探 [J]. 福州：福建师范大学，2002.

［14］王铮. 以上海社区为基础的0~3岁儿童服务机构的运行走向研究［D］. 上海：海师范大学，2005：2.

［15］蔡迎旗. 幼儿教育财政投入与政策［M］. 北京：教育科学出版社，2007：55.

［16］王青. 以社区为依托，建构家、园、社区共育平台［J］. 学前教育研究，2005（10）：65-66.

［17］陈鹏，刘阳. 构建"三位一体"生态学前教育模式的策略［J］. 陕西学前师范学院学报，2016，32（10）：13-16.

［18］岳亚平. 学前教育原理［M］. 北京：高等教育出版社，2014：277

［19］张妤涛. 幼儿园家庭社区合作共育策略［J］. 发展，2009：138

［20］杨文. 社区教育资源开发与儿童成长社区构建［J］. 学前教育研究，2017（11）：58-60.

［21］李晓巍，刘倩倩，郭媛芳. 改革开放40年我国幼儿园、家庭、社区协同共育的发展与展望［J］. 学前教育研究，2019（2）：12-20.

［22］陈红梅，金锦绣. 从局外走向局内：关于幼儿园成为社区0~3岁婴幼儿早期教育服务中心的思考［J］. 学前教育研究. 2009（9）：31.

附录三　0~6岁婴幼儿社区早期教育资源可获得性调查问卷

尊敬的园长/老师/家长/社区工作人员：

您好！

首先衷心感谢您在百忙中抽空完成此份调查问卷。我们是＿＿＿＿＿＿＿大学课题组成员，正在做一项关于0~6岁婴幼儿社区早期教育社区资源获得性情况调研，我们将进行不记名的问卷调查，该份问卷的答案不存在正误之分，仅用于客观地反映目前情况，用于课题研究。因此这份问卷不会对您有任何不良影响，但为了调查的真实可靠，恳请您予以真实回答。再次感激您的合作！祝您身体健康，家庭幸福！

一、填空题（请您在括号内真实作答）

1. 您家庭常住社区是（　　　）

2. 您的年龄是（　　　）

3. 您孩子年龄是（　　　）

二、选择题（请您在符合您的实际情况的选项上打√，可以多选）

1. 您的学历

A. 博士研究生　B. 硕士研究生　C. 本科　D. 专科　E. 中专　F. 高中

G. 初中及以下

2. 您的职业

A. 企业、事业单位工作人员　B. 家庭主妇/主夫　C. 商业、服务业人员

D. 农、林、牧、渔、水利业生产人员　E. 生产、运输设备操作人员及有

关人员　F. 军人　G. 退休人员　H. 其他

3. 您是孩子的

A. 母亲　B. 父亲　C. 外祖父母　D. 祖父母　E. 保姆　F. 园长

G. 老师　H. 其他

4. 您孩子的性别

A. 男　B. 女

5. 生活中孩子的主要照护人

A. 母亲　B. 父亲　C. 外祖父母　C. 外祖父母　E. 保姆　F. 其他

6. 您所在社区硬件设施有

A. 博物馆　B. 亲子中心　C. 图书馆　D. 婴幼儿剧院　E. 幼儿园

F. 早教机构　G. 其他

7. 您所在社区的管理机构有

A. 街道委员会　B. 居民委员会　C. 业主委员会　D. 居民自治性组织

E. 中介组织　F. 街道办事处　G. 其他

8. 您和孩子每月去您所在社区亲子中心的次数

A. 1~3次　B. 3~6次　C. 6次以上　D. 没有

9. 您和孩子每月去您所在社区图书馆的次数

A. 1~3次　B. 3~6次　C. 6次以上　D. 没有　E. 社区没有该设施

10. 您和孩子每月去您所在社区早教服务中心的次数是：

A. 1~3次　B. 3~6次　C. 6次以上　D. 没有　E. 社区没有该设施

11. 您每月陪伴孩子去您所在社区公园的次数

A. 1~3次　B. 3~6次　C. 6次以上　D. 没有　E. 社区没有该服务机构

12. 您每月陪伴孩子去您所在动植物园的次数

A. 1次　B. 2~3次　C. 3次以上　D. 没有　E. 社区没有该服务机构

13. 您每月陪伴孩子去您所在电影院的次数

A. 1次 B. 2~4次 C. 4次以上 D. 没有 E. 社区没有该服务机构

14. 您每月陪伴孩子去您所在商场或超市的次数

A. 1次 B. 2~5次 C. 5次以上 D. 没有 E. 社区没有该服务机构

15. 您每月陪伴孩子去您所在早教中心的次数

A. 1次 B. 2~4次 C. 4次以上 D. 没有 E. 社区没有该服务机构

16. 您每月陪伴孩子去您所在博物馆的次数

A. 1次 B. 2~3次 C. 3次以上 D. 没有 E. 社区没有该服务机构

17. 您每月陪伴孩子去您所在消防队体验的次数

A. 1次 B. 2次 C. 3次及以上 D. 没有 E. 社区没有该服务机构

18. 您每月陪伴孩子去您所在图书馆的次数

A. 1次 B. 2~3次 C. 3次以上 D. 没有 E. 社区没有该服务机构

19. 您每月陪伴孩子去您所在婴幼儿剧院的次数

A. 1次 B. 2~3次 C. 3次以上 D. 没有 E. 社区没有该服务机构

20. 您每月陪伴孩子去您所在科技馆的次数

A. 1次 B. 2~3次 C. 3次以上 D. 没有 E. 社区没有该服务机构

21. 您每月陪伴孩子去您所在社区妇幼保健院的次数

A. 1次 B. 2~3次 C. 3次以上 D. 没有 E. 社区没有该服务机构

22. 您每月陪伴孩子去您所在社区医院参观的次数

A. 1次 B. 2~3次 C. 3次以上 D. 没有 E. 社区没有该服务机构

23. 您每月陪伴孩子去您所在社区少年宫参观的次数

A. 1次 B. 2~3次 C. 3次以上 D. 没有 E. 社区没有该服务机构

24. 您每月陪伴孩子去您所在社区孤儿院参观的次数

A. 1次 B. 2~3次 C. 3次以上 D. 没有 E. 社区没有该服务机构

25. 您每月陪伴孩子去您所在社区敬老院参观的次数

A. 1次 B. 2~3次 C. 3次以上 D. 没有 E. 社区没有该服务机构

26. 您认为带领幼儿体验、参观以上社区服务机构是否有意义？

A. 没有意义 B. 不清楚 C. 有意义 D. 意义重大

27. 您认为带领幼儿体验、参观以上社区服务机构的作用是什么？

A. 教育功能 B. 增强综合能力（包括认知发展、审美、想象等）

C. 帮助养成开朗的性格 D. 养成良好的生活习惯 E. 其他

28. 您和孩子是如何体验社区资源的？

A. 设定出行计划一同体验

B. 口头向幼儿介绍

C. 设定主题计划，进行主题活动

D. 幼儿自己决定怎么玩，大人保障幼儿安全

E. 其他

29. 您是否和孩子经常参加您所在社区组织的活动？

A. 很少　　B. 偶尔　　C. 经常　　D. 从不

30. 您为幼儿选择参与您所在社区活动的参照标准是？

A. 有益于幼儿核心能力发展

B. 自己的兴趣和主意

C. 其他早教托管机构的启发

D. 相关专家推荐

E. 根据孩子自身的特点和兴趣

F. 其他

31. 您是怎样指导孩子参与您所在社区活动的？

A. 设定出行计划一同完成工作

B. 请机构向幼儿介绍

C. 设定主题，进行主题活动

D. 幼儿自己决定怎么玩，只是保障幼儿安全

E. 毫无计划，随便看看

F. 其他

32. 目前您和孩子能够运用社区资源解决实际问题吗？

A. 很少　　B. 偶尔　　C 经常　　D 从不

33. 您认为您所在社区硬件设施的提供是否对您的孩子有意义？

A. 没有意义　　B. 不清楚　　C. 有意义　　D. 意义重大

34. 您认为您所在社区的文化氛围是否对您的孩子有意义？

A. 没有意义　　B. 不清楚　　C. 有意义　　D. 意义重大

三、问答题（请根据您的实际想法展开论述）

1. 请问您所在的社区为您和您的家庭提供了哪些育儿指导服务？

2. 请谈谈您和您的家庭对社区早期教育服务曾经有过哪些贡献。

3. 请谈谈您对 0~6 岁婴幼儿社区早期教育支持体系构建有何建议。

附录四 0~3岁婴幼儿社区早期教育指导服务需求调查问卷

尊敬的园长/老师/家长/社区工作人员：

您好！

首先衷心感谢您在百忙中抽空完成此份调查问卷。我们是_____大学课题组成员，正在做一项关于0~6岁婴幼儿社区早期教育社区资源获得性情况调研，我们将进行不记名的问卷调查，该份问卷的答案不存在正误之分，仅用于客观地反映目前情况，用于课题研究。因此这份问卷不会对您有任何不良影响，但为了调查的真实可靠，恳请您予以真实回答。再次感激您的合作！祝您身体健康，家庭幸福！

一、填空题（请您在括号内真实作答）

1. 您家庭常住社区是（　　　　）

2. 您的年龄是（　　　　）

3. 您孩子年龄是（　　　　）

二、单选题（请您在符合您的实际情况的选项上打√）

1. 您的学历

A. 博士研究生　B. 硕士研究生　C. 本科　D. 专科　E. 中专　F. 高中　G. 初中及以下

2. 您的职业

A. 企业、事业单位工作人员　B. 家庭主妇/主夫　C. 商业、服务业人员　D. 农、林、牧、渔、水利业生产人员　E. 生产、运输设备操作人员及有关人员　F. 军人　G. 退休人员　H. 其他

3. 您是孩子的

A. 母亲　B. 父亲　C. 外祖父母　D. 祖父母　E. 保姆　F. 园长　G. 老师　H. 其他

4. 您孩子的性别

A. 男　B. 女

5. 生活中孩子的主要照护人

A. 母亲　B. 父亲　C. 外祖父母　C. 外祖父母　E. 保姆　F. 其他

6. 您认为早期教育重要程度

A. 非常重要　　B. 比较重要　　C. 一般　　D. 比较不重要　　E. 非常不重要

7. 您认为孩了最好的早期教育指导服务是

A. 居家教育　　B. 参加早教机构　　C. 托育机构托管　　D. 其他

8. 您或您的家庭成员是否接受过社区早期教育指导服务

A. 是　　B. 否

三、多选题（请您在符合您的实际情况的选项上打√，可以多选）

1. 您或您的家庭成员接受早期教育指导服务的地点

A. 商业机构　　B. 公办幼儿园　　C. 民办幼儿园　　D. 社区公益早教

E. 医院　　F. 社区卫生服务中心　　G. 月子中心　　H. 其他

2. 您或您的家庭成员接受早期教育指导服务的形式

A. 专家讲座　　B. 入户指导　　C. 家长沙龙　　D. 电话/微信/腾讯 QQ 交流

E. 指导书籍与宣传手册　　F. 网课　　G. 亲子活动　　H. 其他

3. 您或您的家庭成员接受早期教育指导服务的内容

A. 早期智力开发　　B. 心理健康　　C. 饮食健康　　D. 卫生保健

E. 亲子教育　　F. 运动能力　　G. 其他

4. 您对现在社区所接受的早期教育指导服务的满意度

A. 非常满意　　B. 比较满意　　C. 一般　　D. 比较不满意 E. 非常不满意

5. 在养育 0~3 岁婴幼儿过程中，您遇到最大的困难有

A. 教育知识不足　　B. 隔代教育　　C. 家庭成员教育观念不同

D. 保健知识缺乏　　E. 情绪管理　　F. 玩具选择　　G. 其他

后记

2020年，新冠疫情全球肆虐，让人类再次慎重反思人与自然的关系。这场疫情改变了社会、改变了思维，也赋予了"社区早期教育工作者"独特的价值与意义。于我而言，从课题立项-结项-书稿撰写整整三年有余，那"涛走云飞腾挪久，眉上心尖"的牵挂宛如孕育新生命，反复研讨与打磨，不断停下来反省调整，又不断自我否定，这漫长而又畸踏的体验与其说是一次对实践探索的反思与总结，不如说是一场深刻的自我批判。

拙作系四川省社会科学研究"十三五"规划课题（一般项目）"城市0~3岁儿童早期教育社区支持体系构建研究"成果（项目编号：SC17B014）。在此基础上，本书通过对英国、澳大利亚和日本三国社区早期保育教育服务模式现状的比较分析以及其对我国的启示，立足于0~6岁婴幼儿生态发展社区支持体系构建的基本内涵、基本构成和理论基础，围绕0~6岁婴幼儿生态发展现状、主要政策措施和存在的问题，提出了0~6岁婴幼儿生态发展社区支持体系构建的对策建议，并在此基础上提出了研究展望：包容整合与跨界研究同步进行，以婴幼儿的视角出发的督导评估机制建设和探寻城乡一体化支持体系构建对策，打造国际婴幼儿友好型社区等。

其真正初衷在于：深情呼唤家门口的"社区"，盼望可以通过"婴幼儿生态发展的社区支持体系构建"让孩子们有机会享受到"社区"更多的惬意、关怀和温情，让0~6岁婴幼儿有一处安放童年的成长之地，在全社会各界人士的齐心协力之下，积极探索创新，聚焦"婴幼儿生态发展服务"的现实需求，以构建集学习、教育、实践一体的婴幼儿生态发展服务支持体系为出发点，最大限度确保社区资源的可获得性，打造多功能、多元化的婴幼儿成长之所：幸福友好的国际化社区，进而惠及更多的婴幼儿及其家庭。

当然，在本书的实地调研过程中，我得到了众多社区、街道办事处、社区教育学院、社区儿童之家以及政府相关部门的大力支持，尤其是在社区早期教育实践与创新方面，特别感谢成都市武侯区第五幼儿园刘春、曾亚男、焦栩婕老师撰写的《家庭社区早期教育资源管理的社会实践研究——成都市武侯区第五幼儿园社区早期教育实践与创新》和成都市天府新区华阳幼儿园徐途琼、罗丹丹、熊秀梅老师撰写的《家庭、幼儿园与社区"三位一体、合作共育"实践模式探究——成都市天府新区华阳幼儿园社区早期教育实践与创新》。这两份典型案例的分享，为本研究打开了崭新视角。在打磨书稿期间，时值寒冬，我正在西南大学访学，得到了博士生导师杨晓萍教授的悉心指导和亲切关怀，犹如雪中送炭，令我感激不已！

尤为惊喜的是，我非常荣幸邀请到了全国政协委员、北京师范大学博士生导师刘焱教授为拙作欣然作序！刘教授不吝赐教，字字珠玑，鼓舞的话语催人奋发！

在此，再次诚挚对所有提供支持与帮助的朋友致以诚挚谢意！譬如感谢西南财经大学出版社及编辑人员的鼎力支持等。

此外，我诚挚地致谢本书的主角——课题组成员：刘云生（广州大学教授）、邹芳（成都市红牌楼小学校长）、文颐（成都师范学院教授）、刘春（成都市武侯区第五幼儿园园长）、徐途琼（成都市天府新区华阳幼儿园园长）。他们执着于儿童早期教育事业，如果没有他们，本书不仅失去了精髓，也失去了意义。

囿于水平有限，成册匆匆，不当之处在所难免，敬请读者朋友批评指正。

罗小华于成都

庚子年冬